恒求深精新
陆熙炎传

朱晶 高烨 ◎ 著

中国科学院院士传记丛书
科学家学术成长资料采集工程

1946年	1947年	1951年	1981年	1991年	1999年
考入金陵大学	考入浙江大学	进入中国科学院有机化学研究所	转向现代金属有机化学，发现"陆反应"	当选中国科学院学部委员	获国家自然科学奖二等奖

老科学家学术成长资料采集工程
中国科学院院士传记丛书

但求深精新

陆熙炎传

朱晶　高桦 ◎ 著

中国科学技术出版社
上海交通大学出版社

图书在版编目（CIP）数据

但求深精新：陆熙炎传 / 朱晶，高烨著 . —北京：中国科学技术出版社，2018.3

（老科学家学术成长资料采集工程丛书　中国科学院院士传记丛书）

ISBN 978-7-5046-7973-4

Ⅰ.①但… Ⅱ.①朱… ②高… Ⅲ.①陆熙炎－传记 Ⅳ.① K826.13

中国版本图书馆 CIP 数据核字 (2018) 第 037048 号

责任编辑	韩　颖
责任校对	凌红霞
责任印制	马宇晨
版式设计	中文天地

出　　版	中国科学技术出版社　上海交通大学出版社
发　　行	中国科学技术出版社发行部
地　　址	北京市海淀区中关村南大街 16 号
邮　　编	100081
发行电话	010-62173865
传　　真	010-62173081
网　　址	http://www.cspbooks.com.cn

开　　本	787mm×1092mm　1/16
字　　数	213 千字
印　　张	14.25
彩　　插	2
版　　次	2018 年 6 月第 1 版
印　　次	2018 年 6 月第 1 次印刷
印　　刷	北京华联印刷有限公司

书　　号	ISBN 978-7-5046-7973-4 / K·238
定　　价	70.00 元

（凡购买本社图书，如有缺页、倒页、脱页者，本社发行部负责调换）

老科学家学术成长资料采集工程
领导小组专家委员会

主 任：杜祥琬

委 员：（以姓氏拼音为序）

　　　　巴德年　陈佳洱　胡启恒　李振声
　　　　齐　让　王礼恒　王春法

老科学家学术成长资料采集工程
丛书组织机构

特邀顾问（以姓氏拼音为序）

　　　　樊洪业　方　新　谢克昌

编委会

主 编：王春法　张　藜

编 委：（以姓氏拼音为序）

　　　　艾素珍　崔宇红　定宜庄　董庆九　郭　哲
　　　　韩建民　何素兴　胡化凯　胡宗刚　刘晓勘
　　　　罗　晖　吕瑞花　秦德继　王　挺　王扬宗
　　　　熊卫民　姚　力　张大庆　张　剑　周德进

编委会办公室

主 任：孟令耘　张利洁

副主任：许　慧　刘佩英

成 员：（以姓氏拼音为序）

　　　　董亚峥　冯　勤　高文静　韩　颖　李　梅
　　　　刘如溪　罗兴波　沈林苣　田　田　王传超
　　　　余　君　张海新　张佳静

老科学家学术成长资料采集工程简介

老科学家学术成长资料采集工程（以下简称"采集工程"）是根据国务院领导同志的指示精神，由国家科教领导小组于 2010 年正式启动，中国科协牵头，联合中组部、教育部、科技部、工信部、财政部、文化部、国资委、解放军总政治部、中国科学院、中国工程院、国家自然科学基金委员会等 11 部委共同实施的一项抢救性工程，旨在通过实物采集、口述访谈、录音录像等方法，把反映老科学家学术成长历程的关键事件、重要节点、师承关系等各方面的资料保存下来，为深入研究科技人才成长规律，宣传优秀科技人物提供第一手资料和原始素材。

采集工程是一项开创性工作。为确保采集工作规范科学，启动之初即成立了由中国科协主要领导任组长、12 个部委分管领导任成员的领导小组，负责采集工程的宏观指导和重要政策措施制定，同时成立领导小组专家委员会负责采集原则确定、采集名单审定和学术咨询，委托科学史学者承担学术指导与组织工作，建立专门的馆藏基地确保采集资料的永久性收藏和提供使用，并研究制定了《采集工作流程》《采集工作规范》等一系列基础文件，作为采集人员的工作指南。截至 2016 年 6 月，已启动 400 多位老科学家的学术成长资料采集工作，获得手稿、书信等实物原件资料 73968 件，数字化资料 178326 件，视频资料 4037 小时，音频资料 4963 小时，具有重要的史料价值。

采集工程的成果目前主要有三种体现形式，一是建设"中国科学家博物馆网络版"，提供学术研究和弘扬科学精神、宣传科学家之用；二是编辑制作科学家专题资料片系列，以视频形式播出；三是研究撰写客观反映老科学家学术成长经历的研究报告，以学术传记的形式，与中国科学院、中国工程院联合出版。随着采集工程的不断拓展和深入，将有更多形式的采集成果问世，为社会公众了解老科学家的感人事迹，探索科技人才成长规律，研究中国科技事业的发展历程提供客观翔实的史料支撑。

总序一

中国科学技术协会主席　韩启德

老科学家是共和国建设的重要参与者，也是新中国科技发展历史的亲历者和见证者，他们的学术成长历程生动反映了近现代中国科技事业与科技教育的进展，本身就是新中国科技发展历史的重要组成部分。针对近年来老科学家相继辞世、学术成长资料大量散失的突出问题，中国科协于2009年向国务院提出抢救老科学家学术成长资料的建议，受到国务院领导同志的高度重视和充分肯定，并明确责成中国科协牵头，联合相关部门共同组织实施。根据国务院批复的《老科学家学术成长资料采集工程实施方案》，中国科协联合中组部、教育部、科技部、工业和信息化部、财政部、文化部、国资委、解放军总政治部、中国科学院、中国工程院、国家自然科学基金委员会等11部委共同组成领导小组，从2010年开始组织实施老科学家学术成长资料采集工程。

老科学家学术成长资料采集是一项系统工程，通过文献与口述资料的搜集和整理、录音录像、实物采集等形式，把反映老科学家求学历程、师承关系、科研活动、学术成就等学术成长中关键节点和重要事件的口述资料、实物资料和音像资料完整系统地保存下来，对于充实新中国科技发展的历史文献，理清我国科技界学术传承脉络，探索我国科技发展规律和科技人才成长规律，弘扬我国科技工作者求真务实、无私奉献的精神，在全社会营造爱科学、学科学、用科学的良好氛围，是一件很有意义的事情。采集工程把重点放在年龄在 80 岁以上、学术成长经历丰富的两院院士，以及虽然不是两院院士、但在我国科技事业发展中作出突出贡献的老科技工作者，充分体现了党和国家对老科学家的关心和爱护。

自 2010 年启动实施以来，采集工程以对历史负责、对国家负责、对科技事业负责的精神，开展了一系列工作，获得大量反映老科学家学术成长历程的文字资料、实物资料和音视频资料，其中有一些资料具有很高的史料价值和学术价值，弥足珍贵。

以传记丛书的形式把采集工程的成果展现给社会公众，是采集工程的目标之一，也是社会各界的共同期待。在我看来，这些传记丛书大都是在充分挖掘档案和书信等各种文献资料、与口述访谈相互印证校核、严密考证的基础之上形成的，内中还有许多很有价值的照片、手稿影印件等珍贵图片，基本做到了图文并茂，语言生动，既体现了历史的鲜活，又立体化地刻画了人物，较好地实现了真实性、专业性、可读性的有机统一。通过这套传记丛书，学者能够获得更加丰富扎实的文献依据，公众能够更加系统深入地了解老一辈科学家的成就、贡献、经历和品格，青少年可以更真实地了解科学家、了解科技活动，进而充分激发对科学家职业的浓厚兴趣。

借此机会，向所有接受采集的老科学家及其亲属朋友，向参与采集工程的工作人员和单位，表示衷心感谢。真诚希望这套丛书能够得到学术界的认可和读者的喜爱，希望采集工程能够得到更广泛的关注和支持。我期待并相信，随着时间的流逝，采集工程的成果将以更加丰富多样的形式呈现给社会公众，采集工程的意义也将越来越彰显于天下。

是为序。

总序二

中国科学院院长　白春礼

由国家科教领导小组直接启动，中国科学技术协会和中国科学院等12个部门和单位共同组织实施的老科学家学术成长资料采集工程，是国务院交办的一项重要任务，也是中国科技界的一件大事。值此采集工程传记丛书出版之际，我向采集工程的顺利实施表示热烈祝贺，向参与采集工程的老科学家和工作人员表示衷心感谢！

按照国务院批准实施的《老科学家学术成长资料采集工程实施方案》，开展这一工作的主要目的就是要通过录音录像、实物采集等多种方式，把反映老科学家学术成长历史的重要资料保存下来，丰富新中国科技发展的历史资料，推动形成新中国的学术传统，激发科技工作者的创新热情和创造活力，在全社会营造爱科学、学科学、用科学的良好氛围。通过实施采集工程，系统搜集、整理反映这些老科学家学术成长历程的关键事件、重要节点、学术传承关系等的各类文献、实物和音视频资料，并结合不同时期的社会发展和国际相关学科领域的发展背景加以梳理和研究，不仅有利于深入了解新中国科学发展的进程特别是老科学家所在学科的发展脉络，而且有利于发现老科学家成长成才中的关键人物、关键事件、关键因素，探索和把握高层次人才培养规律和创新人才成长规律，更有利于理清我国科技界学术传承脉络，深入了解我国科学传统的形成过程，在全社会范围内宣传弘扬老科学家的科学思想、卓越贡献和高尚品质，推动社会主义科学文化和创新文化建设。从这个意义上说，采集工程不仅是一项文化工程，更是一项严肃认真的学术建设工作。

中国科学院是科技事业的国家队，也是凝聚和团结广大院士的大家庭。早在1955年，中国科学院选举产生了第一批学部委员，1993年国务院决定中国科学院学部委员改称中国科学院院士。半个多世纪以来，从学部委员到院士，经历了一个艰难的制度化进程，在我国科学事业发展史上书写了浓墨重彩的一笔。在目前已接受采集的老科学家中，有很大一部分即是上个世纪80、90年代当选的中国科学院学部委员、院士，其中既有学科领域的奠基人和开拓者，也有作出过重大科学成就的著名科学家，更有毕生在专门学科领域默默耕耘的一流学者。作为声誉卓著的学术带头人，他们以发展科技、服务国家、造福人民为己任，求真务实、开拓创新，为我国经济建设、社会发展、科技进步和国家安全作出了重要贡献；作为杰出的科学教育家，他们着力培养、大力提携青年人才，在弘扬科学精神、倡树科学理念方面书写了可歌可泣的光辉篇章。他们的学术成就和成长经历既是新中国科技发展的一个缩影，也是国家和社会的宝贵财富。通过采集工程为老科学家树碑立传，不仅对老科学家们的成就和贡献是一份肯定和安慰，也使我们多年的夙愿得偿！

鲁迅说过，"跨过那站着的前人"。过去的辉煌历史是老一辈科学家铸就的，新的历史篇章需要我们来谱写。衷心希望广大科技工作者能够通过"采集工程"的这套老科学家传记丛书和院士丛书等类似著作，深入具体地了解和学习老一辈科学家学术成长历程中的感人事迹和优秀品质；继承和弘扬老一辈科学家求真务实、勇于创新的科学精神，不畏艰险、勇攀高峰的探索精神，团结协作、淡泊名利的团队精神，报效祖国、服务社会的奉献精神，在推动科技发展和创新型国家建设的广阔道路上取得更辉煌的成绩。

总序三

中国工程院院长　周　济

由中国科协联合相关部门共同组织实施的老科学家学术成长资料采集工程，是一项经国务院批准开展的弘扬老一辈科技专家崇高精神、加强科学道德建设的重要工作，也是我国科技界的共同责任。中国工程院作为采集工程领导小组的成员单位，能够直接参与此项工作，深感责任重大、意义非凡。

在新的历史时期，科学技术作为第一生产力，已经日益成为经济社会发展的主要驱动力。科技工作者作为先进生产力的开拓者和先进文化的传播者，在推动科学技术进步和科技事业发展方面发挥着关键的决定的作用。

新中国成立以来，特别是改革开放30多年来，我们国家的工程科技取得了伟大的历史性成就，为祖国的现代化事业作出了巨大的历史性贡献。两弹一星、三峡工程、高速铁路、载人航天、杂交水稻、载人深潜、超级计算机……一项项重大工程为社会主义事业的蓬勃发展和祖国富强书写了浓墨重彩的篇章。

这些伟大的重大工程成就，凝聚和倾注了以钱学森、朱光亚、周光召、侯祥麟、袁隆平等为代表的一代又一代科技专家们的心血和智慧。他们克服重重困难，攻克无数技术难关，潜心开展科技研究，致力推动创新发展，为实现我国工程科技水平大幅提升和国家综合实力显著增强作出了杰出贡献。他们热爱祖国，忠于人民，自觉把个人事业融入到国家建设大局之中，为实现国家富强而不断奋斗；他们求真务实，勇于创新，用科技为中华民族的伟大复兴铸就了辉煌；他们治学严谨，鞠躬尽瘁，具有崇高的科学精神和科学道德，是我们后代学习的楷模。科学家们的一生是一本珍贵的教科书，他们坚定的理想信念和淡泊名利的崇高品格是中华民族自强不息精神的宝贵财富，永远值得后人铭记和敬仰。

通过实施采集工程，把反映老科学家学术成长经历的重要文字资料、实物资料和音像资料保存下来，把他们卓越的技术成就和可贵的精神品质记录下来，并编辑出版他们的学术传记，对于进一步宣传他们为我国科技发展和民族进步作出的不朽功勋，引导青年科技工作者学习继承他们的可贵精神和优秀品质，不断攀登世界科技高峰，推动在全社会弘扬科学精神，营造爱科学、讲科学、学科学、用科学的良好氛围，无疑有着十分重要的意义。

中国工程院是我国工程科技界的最高荣誉性、咨询性学术机构，集中了一大批成就卓著、德高望重的老科技专家。以各种形式把他们的学术成长经历留存下来，为后人提供启迪，为社会提供借鉴，为共和国的科技发展留下一份珍贵资料。这是我们的愿望和责任，也是科技界和全社会的共同期待。

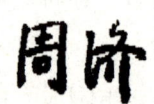

周济

陆熙炎在三峡

陆熙炎与采集小组成员合影

陆熙炎（中）、陆嘉容（右，陆熙炎之孙）与采集小组成员朱晶（左）合影

序

　　光阴荏苒，人生短暂，近九十年一瞬而过！

　　回忆起来，首先，我要感谢我的老师王葆仁先生，是他的循循善诱把我领进了有机化学这一使我入迷的科学殿堂，也把我带进了有机所这样一个条件优越的科研环境。

　　我要感谢我的启蒙导师汪猷先生，是他的执著精神、严谨学风使我懂得了搞科学研究必需一步一个脚印、抱着打碎沙锅问到底的精神。他当年组织全所学习基础知识，带领我们建立一个个新的实验方法的情景，犹历历在目，使我懂得扎实的基础知识是搞好科学研究的重要条件，实验条件必须自己去创造，通过自己的努力改变实验条件。30年来，我带研究生也是按照这精神做的。

　　我还要感谢我的老师兼挚友山本明夫先生，是他首先介绍了金属有机化合物的基元反应给我，引导我进入这一当时崭新的领域，使我有机会在这一领域开展工作达36年之久。

　　幸运的是：在近40年里，我指导了一些极为优秀的学生。靠他们的辛勤工作，不单他们自己拿到了学位，也发展了我们这一领域的化学，使我们在这一领域得以在学术上保持适当地位。尤其可贵的是，他们仍然关心我们工作的进展，怀念过去小组的情况，并保持着一定的联系。虽然他们都已独立，有的还做出了卓越的工作，但仍然保持联系和关心，给我很大帮助。

从1978年恢复研究生制度开始，我即奉命负责某些课程的授课，先是物理有机，后来是金属有机化学，直到1997年麻生明归国后才将这一棒移交给他，共达20年之久。又和陈庆云两人负责研究生的累积考试，直到1998年才交与其他人员，也达20年之久。当时受前辈之信任，委以重任，而我当时还不是博士生导师，真是受宠若惊。担任研究生教育的同时也有助于我的成长，所以我对研究生教育是深有感情的。

虽说我从事科学研究已有66年，但由于各种原因，真正从事研究的时间不过50多年。其中研究方向多变。幸运的是1978年以后总算没有大变。我不是一个聪敏过人的人，但我从小就有一个信念，做事要一步一个脚印，而且要非常谨慎，所以用战战兢兢、如临深渊、如履薄冰来警戒自己。这些现象说明我不够称为一个优秀的科学工作者，更不是一个战略家。但我毕竟从事科研已近60年，愿以我的菲薄经验与体会供大家参考。

首先，我认为人与人之间是必须彼此信任的，如果你不相信学生，这个学生肯定做不好工作。但要使学生能获得你的信任，首先必须使学生信任你。这时，你的一举一动就非常重要。如果你有行动得不到学生的信任，就休想学生信任你。这一彼此信任的关系不是一朝一夕可以达到，但我认为是很重要的一个环节。

在指导研究生时，我认为很重要的一点就是把"要我做"变成"我要做"，只有研究生自己要去探索这个奥秘，才有可能取得进展，这也是导师的责任所在。我们就是要培养学生探索自然的兴趣，而绝不能停留在发文章这一副产物阶段，更不能把学生当作打工者。

在研究中，不是只注意最后的结果（得率、ee值），而是应该观察反应的现象。作为导师，应该培养学生敏锐的观察力，不要让一个新现象擦肩而过，而要用你敏锐的眼光抓住一切新现象。这些新现象可能代表了事物的必然性，但它是以偶然性的形式表现出来的。在我们的工作中也有几个这样的例子：在烯炔偶联的工作中，我们注意到炔烃卤钯化后生成烯烃的立体化学，灵机一动转到了一般的贫电子炔烃，后来发现只需卤离子和醋酸就能生成（Z）式卤代烯基羧酸，这是一个多么简单的反应（被人称为盐和醋的反应），后来被收入 *Org. Syn.* 作为一个标准方法。在钯催化反应中，卤离子能抑制 beta-氢消除反应及膦催化反应的发现都是先抓住一个偶然现象，继而继续深入研究的结果。所以我们在日本向山光昭的深、新、信的基础上，总结了深、精、新三个阶段。

要使一个小组有活力、有生气，必须使小组的同学们彼此关心大家的工作。在讨论别人的工作时，每个人都应该全心全意出主意、想办法，这是一个很好的锻炼机会。要记住唐有祺先生的一段话——"足球被踢进球门，不是踢进球的一个人有功，也要记得把球传到门前的人"。

当然，三敢三严等也是必须要注意的。让我们永远记住汪先生主张胰岛素合成的多肽要做元素分析时的一句话——"对的不一定对，不对的一定不对。"这是多么有深刻意义的一句话啊！

我基础不一定好，我没有任何学位，没有长时间出国留学，在我该年轻有为时期又失去了工作的好时机，直到 50 岁以后才真正开始在一个领域专心工作。但我自己认为有一个特点，不管什么工作，不管什么条件，我都认真去做，这样度过了一个甲子多的时间。

我最值得自豪的是有一个幸福的家庭。我的妻子负担了家庭的繁琐事务，使我有一个安心工作的环境。我的两个孩子都早已独立，不需再操心，我在家里可以和所里一样进行工作。

往事历历，岁月如流，在此，我感谢 60 多年来的同事们和研究生们（共 50 余人）以及我的家庭成员，在他们的帮助下我才有可能做了一些工作。最后，还要感谢参加"老科学家学术成长资料采集工程"项目的朱晶、黄智静、蔡正骏和韩秀玲的辛苦工作，尤其是朱晶和高烨两位对本书的撰写。

2017 年 11 月 14 日

目 录

老科学家学术成长资料采集工程简介

总序一 ··· 韩启德

总序二 ··· 白春礼

总序三 ··· 周 济

序 ··· 陆熙炎

导 言 ··· 1

| 第一章 | 颠沛中求学 ··· 5

    书香门第 ··· 5
    入读三个小学 ··· 7
    学日文的特殊日子 ··· 8

　　　　学医与学化学 …………………………………… 9

第二章 从金陵到"东方剑桥" …………………… 11

　　　　金陵大学的一年求学 ………………………… 11
　　　　转考进入浙江大学 …………………………… 14

第三章 初到有机所 ……………………………… 21

　　　　天然产物研究与麻黄素分离 ………………… 21
　　　　链霉素的提取与分离 ………………………… 23
　　　　抗生素国际会议与链霉素化学 ……………… 28
　　　　感受传统　奠定科研基础 …………………… 31

第四章 核燃料萃取与胰岛素合成 ……………… 36

　　　　核燃料萃取剂的筛选与合成 ………………… 36
　　　　"粗活细做"与 P-204 合成新方法 ………… 39
　　　　应用基础研究 ………………………………… 41
　　　　到核燃料生产现场 …………………………… 43
　　　　胰岛素 A 链全合成 …………………………… 45

第五章 半靠边时期的工作 ……………………… 51

　　　　《化学学报》的编辑工作 …………………… 51
　　　　半靠边与自学 ………………………………… 53
　　　　含氟材料的研制 ……………………………… 55

第六章 从固氮酶到接触金属有机化学 ………… 57

　　　　化学模拟固氮酶 ……………………………… 57
　　　　补习、上课与探索新方向 …………………… 60
　　　　接触金属有机化学 …………………………… 63

第七章 转入金属有机化学新领域 ……… 68

从钼的化学到金属有机化学 ……… 68
到山本明夫实验室，勤奋得像个博士生 ……… 71
重新理解金属有机化学 ……… 76
基元反应概念与讲授金属有机化学 ……… 79

第八章 致力于导向有机合成的金属有机化学 ……… 82

定位烯丙基化合物的反应 ……… 83
低价过渡金属和烯丙基－氧键的反应 ……… 84
炔烃衍生物的异构化反应 ……… 86
叔膦催化的［3＋2］环加成反应 ……… 90
二价钯催化分子内成环反应 ……… 91
"盐和醋"的反应 ……… 93

第九章 绿色化学与钯催化反应中的 β–H 消除 ……… 95

原子经济性与 OMCOS ……… 95
钯催化与控制 β–H 消除 ……… 97
卤离子与二价钯催化的反应 ……… 99
氮配体与二价钯催化的反应 ……… 102
其他二价钯催化的反应与立体化学 ……… 105

第十章 人才培养与谱系传承 ……… 109

信任与启发：从"要我学"到"我要学" ……… 110
氛围与熏陶：研究组会上争粉笔 ……… 114
严格与谨慎 ……… 116
诙谐幽默　讲课如评弹 ……… 117
潜移默化　师门传承 ……… 119
知识普及与倡导科学方法 ……… 123

| 第十一章 | 国际交流与学科引领 ········· 125

  中日美金属有机化学会议 ················ 125
  OMCOS 系列会议与学科引领 ············ 128
  基金委重大项目与学科发展 ·············· 130
  倡导绿色化学 ························ 135
  基础与应用，出成果与钻问题 ············ 136
  敏锐感知与坚持耕耘 ··················· 138

结　语　陆熙炎学术成长特点 ············· 142

附录一　陆熙炎年表 ····················· 151

附录二　陆熙炎主要论著目录 ············· 170

参考文献 ······························· 192

后　记 ································· 202

图片目录

图 1-1　陆清翰 …………………………………………………………… 6
图 1-2　陆熙炎与姐姐陆熙瑛、哥哥陆熙彦 ………………………… 6
图 1-3　陆熙炎十岁照 …………………………………………………… 9
图 2-1　金陵大学北大楼前 …………………………………………… 12
图 2-2　陆熙炎在王葆仁家中 ………………………………………… 17
图 2-3　陆熙炎与郑平在吴征铠家中 ………………………………… 19
图 2-4　1950 年浙大师生职工合影 …………………………………… 20
图 3-1　1958 年链霉素组全体成员合影 ……………………………… 24
图 3-2　1993 年，陆熙炎和汪猷在清华大学 ………………………… 33
图 4-1　20 世纪 60 年代初，第二研究室成员合影 …………………… 38
图 4-2　核燃料萃取剂研究小组人员合影 …………………………… 44
图 4-3　纪念人工合成结晶牛胰岛素 50 周年邮票发行 ……………… 50
图 5-1　陆熙炎在五七干校劳动 ……………………………………… 56
图 6-1　1980 年向山光昭来访 ………………………………………… 65
图 7-1　1981 年 10 月，陆熙炎在日本东京工业大学资源化学研究所
　　　　山本明夫实验室学习无氧操作 ……………………………… 72
图 7-2　1997 年，陆熙炎和山本明夫在日本 ………………………… 73
图 7-3　1981 年 12 月，陆熙炎拜访野依良治 ………………………… 75
图 7-4　1982 年，陆熙炎在第二次中日美金属有机讨论会上作报告 … 76
图 7-5　1983 年，陆熙炎在卡刚家中 ………………………………… 76
图 7-6　1983 年，陆熙炎在 D.H.R.Barton 办公室 …………………… 77
图 7-7　1983 年，陆熙炎在 Y.Chavin 办公室 ………………………… 79
图 10-1　2010 年有机所建所 60 周年合影 …………………………… 109
图 10-2　2000 年雷爱文毕业时，陆熙炎小组全体成员合影 ………… 122

图 10-3　2012 年，陆熙炎在有机所作"化学使我们的生活更美好"的科普报告 ········· 123

图 11-1　1986 年，陆熙炎在日本筑波参加第四次中日美三边金属有机化学研讨会 ········· 126

图 11-2　1984 年，陆熙炎在 Santa Cruz 中日美三边金属有机化学讨论会 ········· 126

图 11-3　2005 年，陆熙炎夫妇与席振锋合影 ········· 129

图 11-4　1987 年，陆熙炎参加南京大学 IUPAC 会议 ········· 129

图 11-5　1984 年，陆熙炎和杨士林参加基金委评议工作 ········· 130

图 11-6　1991 年，陆熙炎参加基金委重大项目考察时访问 H. C. Brown ········· 133

图 11-7　1991 年，陆熙炎参加基金委重大项目考察时访问加拿大 Toronto 大学 ········· 133

图 11-8　2003 年，陆熙炎在上海交通大学作报告 ········· 135

导 言

　　欧洲文化在近代科学革命时期就开始从整体上进入创新型的文化形态，天文学革命、科学的体制化、化学革命等开启了欧洲持续创造新知识的新里程。强大的科学文化为西方科学的持续发展以及社会科学的建立提供了支撑。中国是科学的后发国家，在中国，科学的体制化、科学家角色的形成与职业科学家的出现密不可分，早期的中国科学家可以视为现代科学在中国的代言人。科学作为一种社会建制被引入中国并扎根于中国本土，其间与中国本土传统产生冲突与融合，产生许多复杂的面向。出生于20世纪20年代到30年代的科学家大多具有类似的求学背景，他们在战乱中辗转求学，完成大学学业后留学美国或苏联，带着对科学研究的新理解回到祖国。作为现代科学的代言人，这些科学家群体在促进中国科学体制化和国家发展的努力中，他们所期许的科学是什么模样？他们如何在本土化、国际化的双重背景下做出自己的探索？另外，现代科学在中国体制化过程中尤其是在设立科学团体与专门科学研究机构方面有着极强的地域特色，例如上海。中国科学院上海有机化学研究所的前身正是建立于1928年7月的中央研究院化学研究所。成立之初的有机所会聚了一批秉承德国化学研究传统的科学家，在美国成为世界科学活动中心之后，又会聚了一批传承美国化学研究传统的科学家。此后60多年的发展中，有机所逐渐形成了自己的科学研究风格和科学传统。因而，我们在研究中思考的是这种风格和传统是如何形成、建构和传承的？有机所的科学家在不同时期，对科学精神、科学方法、科学与国家、科学与社会有着怎样的理解？科学家与国家发展之间存在着何种程度的互动？这不仅是一位科学史研究者所关心的问题，更是进行科学方法创新、培育科学文化的当今中国所需要探究的问题。

作为"老科学家学术成长资料采集工程"项目成果之一的专著《但求深精新：陆熙炎传》，正是透过这种思考和视角，并在全面系统地收集整理以及分析研究化学家陆熙炎的学术成长资料的基础上，探讨科学家如何形成和传承科学风格和科学传统、如何理解科学精神和科学方法、如何理解科学与社会的互动，并探寻科学家的职业发展与国家发展之间的密切关系。

陆熙炎1928年出生于江苏苏州，1951年毕业于浙江大学化学系，1951年至今历任中国科学院上海有机化学研究所研究实习员、助理研究员、副研究员、研究员。进入有机所后，在汪猷教授的领导下开始从事链霉素、胰岛素等的合成研究。他是国内从低浓度的发酵液中分离出链霉素盐酸盐氯化钙复盐结晶的第一人，为中国抗生素工业作出了贡献。50年代末，由于原子能工业的需要，他参与了铀萃取剂的研究，实现了中国第一个萃取剂P-204的工业化生产，在中国原子能工业领域发挥了重要作用。70年代末，他致力于金属有机化学研究，发现了很多有学术意义和应用前景的反应。90年代以来，研究以炔烃衍生物为原料的合成反应以及有机膦催化反应等。陆熙炎于1991年当选为中国科学院学部委员，在化学领域的研究获得了多项科研成果与荣誉：国家自然科学奖二等奖、何梁何利基金科学与技术进步奖、全国五一劳动奖章、中国化学会黄耀曾金属有机化学终身成就奖等。

关于陆熙炎的学术成长经历，我们尽可能全面检索了公开发表的中外文献和出版物。其中，与陆熙炎有关的传记包括《20世纪中国知名科学家学术成就概览》《院士春秋》《中国科学院院士画册》等，《中国科技奖励》等刊物对陆熙炎有所介绍，《科技日报》等少数报刊报道了陆熙炎的科学研究。这些材料大都简要介绍陆熙炎生平与研究成果，不够翔实，缺乏对陆熙炎学术成长经历的各个具体环节的细致考证与专门描述。此外，迄今尚未有学者对陆熙炎学术成长特点或科研风格展开严肃的学术探讨。

在形成传记的过程中，我们通过分析和考证已搜集到的资料，补充访谈并澄清已有文献资料中缺失、模糊、有争论的细节，细致地还原陆熙炎的家庭环境、求学经历与研究历程。我们在研究中尽可能地呈现中国科学家在特定的社会与文化情境中的具体科学实践，而非假定或者询问他们如何像或者不像美国或欧洲的科学家一样从事科学研究。此外，我们在研究中还借鉴了多学科领域的新的研究思路与理论，特别是科学学研究领域的社会－技术网络理论、行动者网络理论、专家经验、专长知识等，凸显情境中的知识生产，发掘中国近现代科学与科学家的独特性。我们还试图用科学哲学的概念工具分析陆熙炎的科学研究方法与思维方式，特别是20世纪70年代末他如何从天然产物化学转到金属有机化学新领域并开拓新的研究方向，以及他对化学研究分析方法有着怎样独特的理解。我们还通过还原陆熙炎在20世纪50年代参与的抗生素研究、核燃料萃取以及人工全合成结晶牛胰岛素等科研工作，用科学社会学和人类学的研究方法分析中国科学的体制化、科学作为一种社会建制以及国家、政治与科学研究之间的关系。除此，我们还以四次中、日、美金属有机化学会议为个案，探讨"文化大革命"后中国同国外科学家交流的恢复与重建。

在传记的结构安排上，我们以时间为经，将陆熙炎学术成长的重要时间节点和阶段作为章节划分的标准；又以陆熙炎学术研究方面的思想脉络与代表性学术成果为纬，对陆熙炎学术研究方面的主要贡献进行系统叙述。

第一章
颠沛中求学

1928年8月29日，陆熙炎出生于江苏省苏州市吴县。父亲陆树成（字凤九），曾在上海通商银行工作，母亲胡昌娴。姐姐陆熙瑛大其14岁，哥哥陆熙彦大其11岁。

书香门第

陆熙炎出生于书香门第，祖父陆清翰是清代光绪甲午科举人，历任前清桂林、柳州和无锡等地县令，民国时期任吴县电报局局长，晚年笃信佛教，对幼年的陆熙炎影响颇大。[①]

虽然有关陆清翰的文字资料记载不多，但我们还是可以从一些笔记和地方志中找到少许记载，如《吴县城区附刊（全）》"历任自治人员姓名"

[①] 钱伟长，白春礼：《20世纪中国知名科学家学术成就概览》（化学卷，第三分册）。北京：科学出版社，2013年，第325页。

图 1-1 陆清翰

一栏中[1]、顾廷龙的《清代朱卷集成》中均有提到陆清翰。[2]

陆熙炎小时候,父亲在上海工作,和父亲相处的时间极少。姐姐陆熙瑛从苏州女子职业学校毕业后即进入国华银行工作,哥哥陆熙彦毕业后进入圣约翰大学土木工程系学习,父亲、姐姐和哥哥常年都在外地,幼年的陆熙炎与家中的祖父、继祖母、母亲相伴。[3]母亲一人承担了赡养两位老人并照顾年幼的陆熙炎的重任。全家人居住在苏州梵门桥弄,街巷是弹石块路面,离家不远处便见古城墙。

相较而言,陆熙炎与祖父共处的时间比较多,"我的成长得益于祖父的教育,他教导我做人就要好好做人,做事就要认认真真做事,这成了我为人处世的根本原则。"[4]陆清翰曾在晚清政府和国民党政府做过长官,却没有从中谋取一分土地,还督促儿子在上海自力更生,这种廉洁、正直、开明的思想对童年时期的陆熙炎的成长起到了重要的启蒙作用。

祖父并非空谈好好做人、认认真真做事,而是言传身教。陆熙炎入读小学四年级时,正值抗

图 1-2 陆熙炎与姐姐陆熙瑛、哥哥陆熙彦(摄于20世纪30年代)

---

[1] 黄蕴深:《吴县城区附刊(全)》。台湾:成文出版社有限公司,1983年,第43页。
[2] 顾廷龙:《清代朱卷集成》(127)。台湾:成文出版社有限公司,1992年,第283页。
[3] 钱伟长,白春礼:《20世纪中国知名科学家学术成就概览》(化学卷,第三分册)。北京:科学出版社,2013年,第325页。
[4] 陆熙炎访谈,2015年4月20日,上海。资料存于采集工程数据库。

日战争爆发，学校停课，祖父开始指导他的学习，一章章亲授《大学》《中庸》《论语》《孟子》及《纲鉴易知录》，这种学习境况持续了一年。

入读三个小学

1933年9月，陆熙炎进入苏州女子职业学校附属小学就读一年级。1936年9月，转入苏州纯一中学附属小学就读四年级。八一三事变后，日军进攻上海，他和其他孩子一样，忍受着颠沛流离的痛苦生活。

> 我们逃难到苏州的穹窿山，在山上逗留了一段时间，那时日本人还没有上来。日本人上山后，我们就下了穹窿山，往香山逃，这之后便无处可逃了，而日本人还是要追来。我们就待在香山，过年时就乘船回到苏州城里去了。①

12月，全家返回苏州。此时日军已经占领苏州并成立了伪政府，设苏州为江苏省省会。苏州沦陷后，学校关闭，陆熙炎只好在家里由祖父授课，从四书读到《纲鉴易知录》。② 1939年2月，陆熙炎进入仁益小学就读五年级下学期。"当时吴县成立伪政府，要祖父担任咨询委员会委员，祖父坚决拒绝。这时我们只赖积蓄度日，生活很艰难。祖父的处事态度，对我后来的影响很大。"③

---

① 陆熙炎访谈，2015年5月4日，上海。资料存于采集工程数据库。
② 钱伟长，白春礼：《20世纪中国知名科学家学术成就概览》（化学卷，第三分册）。北京：科学出版社，2013年，第325—326页。
③ 陆熙炎：八十年一瞬间。见：中国科学院上海有机化学研究所编，《陆熙炎院士八秩华诞志庆集》。2008年，第21—24页。内部资料。

学日文的特殊日子

1940年7月,陆熙炎从苏州仁益小学毕业,同年9月,进入位于通和坊的吴县县立中学就读初中一年级。20世纪20年代,苏州的公立中学都有日本教官,不但要学日文,年终还要由日本教官面试。"没有游戏,没有玩乐,我的童年就是这样度过的。"①

在沦陷区生活、求学的年月里,除了念书,对陆熙炎来讲,没有任何兴趣爱好可言,更没有促使他产生兴趣爱好的环境。"那个时候从不说学校里面有什么,因为学校里面基本上什么都没有,跟现在的小学真的不能比。"如果说陆熙炎的这段求学历程有何特别之处,那就是他在日本人威慑下的生活和日文学习。陆熙炎从小学五年级到高中二年级一直学习日文,因为日文是必修课。虽然当时英文也被列为必修课,"但只是摆摆形式,日文是主要的,日本教官讲的话,你要听得懂。"②英文教师来自教会学校,学生们用于英文学习的时间相比于日文要少得多,自然,他们的英文也就比日文学得差一些。

苏州不比上海,没有租界。吴县县立中学的日本教官每到学期结束,就把学生全部叫到办公室里问话。据陆熙炎回忆,被日本教官问话时,"有些战战兢兢,有一点紧张。"当时日本对苏州城虽然干涉得不多,但是依然会遇到很多问题。

> 我跟哥哥有一次过苏州城门的时候,有日本兵驻守在那里。老百姓通过时必须要对他们鞠躬,那次哥哥没有鞠躬,就被他们拉住了。后来哥哥鞠躬后,他们才放行。③

---

① 陆熙炎:八十年一瞬间。见:中国科学院上海有机化学研究所编,《陆熙炎院士八秩华诞志庆集》。2008年,第21—24页。内部资料。
② 陆熙炎访谈,2015年5月4日,上海。资料存于采集工程数据库。
③ 同②。

哥哥陆熙彦在上海圣约翰大学土木工程系毕业后，为了减轻家庭负担，并没有继续深造，而是在苏州江苏建设厅建设工程处找了份工作，主要负责马路翻修。这一时期，表妹胡彩霞（陆熙炎舅父胡昌炽的幼女）的到来为陆熙炎家增添了乐趣。彩霞出生于1937年，战争爆发后，她全家内迁，后随奶妈进入安徽，四岁时送到陆熙炎家抚养，陪伴陆熙炎度过了童年，直到抗日战争结束才回到自己家中。

1942年，对他影响至深的祖父去世了，姐姐和哥哥开始承担家庭开销。1945年9月，吴县县立中学从原来的通和坊迁至沧浪亭新址。

图1-3 陆熙炎十岁照（摄于1938年）

学医与学化学

抗日战争胜利后，多数大学刚复员，未恢复高考。1946年，就在陆熙炎从吴县县立中学高中毕业之际。其舅父胡昌炽从成都回来。胡昌炽是金陵大学园艺系主任，彼时，金陵大学内迁至成都，胡昌炽也随之到成都工作。陆熙炎本来想毕业后学医学。

> 我告诉他（胡昌炽）我想学医，那个时候学医要念七年。我后来征询他的意见，他是农学院园艺系的系主任，但是他也没有问我对农学感不感兴趣，只是说医学学到后来就是研究药物，问我是不是对化学也有兴趣？

胡昌炽建议陆熙炎报考金陵大学，并提醒他其他的一些学校仍然要报考。因此，除了金陵大学的化学系，陆熙炎还同时报考了上海的沪江大学和圣约翰大学的化学系。这三所学校都属于教会学校，并于1946年全部搬回原址。当时的大学入学考试由各个学校分别组织，并非像现在高考那样统一进行。陆熙炎被三所高校同时录取，最终选择了金陵大学化学系。①

抗日战争胜利后，金陵大学已搬回来，圣约翰、沪江都已招生。我哥哥就是圣约翰大学毕业的，学的土木工程系。我选了三个学校，都录取了。那个时候不像现在，考试不是统考，需要一个学校一个学校地考，总共考了三次，后来因为我舅父在金陵大学，我就到那里去了。沪江大学那边我还支付了一笔定金，后来没有去，那笔钱就损失掉了。因为舅父缘故，进入金陵大学上课后对化学慢慢有一点兴趣，但也不是特别浓。②

---

① 陆熙炎：八十年一瞬间。见：中国科学院上海有机化学研究所编，《陆熙炎院士八秩华诞志庆集》，2008年，第21-24页。内部资料。
② 陆熙炎访谈，2015年5月4日，上海。资料存于采集工程数据库。

第二章
从金陵到"东方剑桥"

1946年9月,陆熙炎进入金陵大学化学系学习,一年后由于学费昂贵,他重新报考浙江大学、交通大学和中央大学,顺利进入浙江大学化学系。大学时期的学习特别是王葆仁先生的授课,将陆熙炎领进了有机化学这一使他入迷的科学殿堂。

金陵大学的一年求学

金陵大学建校于1888年,是由美国基督教会美以美会在南京创办的教会大学。当时社会评价该校为"中国最好的教会大学",享有"江东之雄""钟山之英"的美誉。

作为一所教会大学,金陵大学对学生英文水平的要求相当高,虽然大部分授课内容并非全英文,但所使用的教材都是英文教材。而中学时代的陆熙炎生活在苏州这样的沦陷区,所就读的学校基本上教的是日文。为了学好课程,陆熙炎买来普通化学的中文译本,与英文本对照,每天晚上一句一句地研读。到大学一年级结束,他的英文水平已经达到阅读英文书籍和文献的要求。

> 那个时候，英文文献我是一点都看不懂。后来，我好不容易找到了一本普通化学，具体叫什么名字我忘记了，买了中文的翻译本，每天晚上中文、英文放在一起，一句一句地对照着看。一年下来，英文书籍能看下来，基本语法什么的都差不多弄懂了。①

图 2-1 金陵大学北大楼前（摄于 1946 年，后左起：顾寿椿、陆熙炎、王爵渊；前左起：任健生、陈裕光）

在金陵大学的第一年，陆熙炎学习了化学、物理、数学、英文等课程。值得一提的是，陆熙炎入学第一年就得到了戴安邦（1901—1999）教授的指导。戴安邦不仅在配位化学领域取得了重要的成果，还一直致力于化学教育，他对化学教育和人才培养有着自己独特的理念。1934 年，他在《科学教育》杂志上提出，科学教学不单是传授知识，更要推行全面教育，包括培养学生的科学思想和品德。正因为如此，他在课堂教学中非常强调化学学科的特性，即化学是一门定量科学。戴安邦给化学系一年级新生讲授普通化学，令陆熙炎记忆犹新的是，戴安邦第一次上课时手捧天平、砝码走进教室。

为什么呢？举例来说，拉瓦锡发现氧气是燃烧必不可少的因素，

---

① 陆熙炎访谈，2015 年 5 月 4 日，上海。资料存于采集工程数据库。

燃烧都是氧化反应，而当时的燃素学说认为物质之所以能燃烧是因为这些物质含有燃素。他是怎么发现的呢？他推测，可燃物燃烧之后，其中的燃素会释放出来，其重量应该降低，而不是增加。但是很多物质燃烧变成氧化物后，重量是增加的。也就是说，他是从使用天平进行的定量测量中得出来的，通过测量意识到燃素学说不对，进而认识到燃烧是可燃物与氧气的化合反应。这说明化学也是一门定量的科学，不仅仅是一门定性的科学。戴先生的这番讲解，我到现在还印象很深。①

陆熙炎随后的学习和研究正是建立在深刻认识到"化学是一门定量的科学"的基础上。多年以后，陆熙炎指导研究生或者做报告时，他仍然会强调这段经历。2005 年 2 月，陆熙炎被聘为复旦大学兼职教授，在聘任仪式上，他作了《怎样做好化学研究工作》的报告，开篇就提到了第一次上戴安邦先生普通化学课程的情景。

  我到复旦去讲这个问题，有的人就问："你为什么现在还要讲这个问题？"现在有人误认为计算化学才是定量的，一般的化学是定性的。在化学实验中，某种试剂是少加一点还是多加一点，是缓慢地加还是快速地加，所发生的化学反应都是不一样的，这就说明一般的化学也是定量的。另外，我们在日常生活中所谓的毒性其实就是某些物质使用过量产生的，在适当的范围内使用并没有害处。对于这个，我印象很深，以前大学里的老先生对这些问题都很注意，我们得到那些老先生的教导也是很幸运的。②

1947 年 5 月 20 日，南京 5000 多名学生走上街头，举行"反饥饿、反内战、挽救教育危机"的大游行。在珠江路口，游行队伍遭到国民党宪警的水龙头喷射和棍棒、皮鞭的殴打，重伤 19 人，轻伤 90 余人，被捕 20 余人，爱国学生的热血洒满南京街头。这次事件被称为"五二〇"惨案。陆

---

① 陆熙炎访谈，2015 年 7 月 25 日，上海。资料存于采集工程数据库。
② 同①。

熙炎也参加了此次大游行，展现出他的爱国热忱。

转考进入浙江大学

1947年9月，由于金陵大学的学费太贵，考虑到家庭情况，陆熙炎转而报考了三个国立大学——中央大学、交通大学和浙江大学，并被浙江大学录取。

> 每个学校都单独进行考试。那个时候去参加考试，条件都很艰难。我到浙江大学去应考，有一个同学在浙大，我们就偷偷地在宿舍里面的地板上铺了一个垫子睡觉，那是夏天，也没有告诉学校。考完之后，晚上去游西湖，第二天再乘火车赶回上海去参加交通大学的考试。最后，报纸会把那些被录取的人的名字公布出来。交大没有录取我，就没有去成电机系，中央大学也没有录取，浙大录取我了。①

在被浙江大学化学系录取后，陆熙炎进入了国立浙江大学化学系一年级，学号36161，和他同一届进入化学系的有11个人。

1947年9月—1948年7月，陆熙炎重读一年级，由于已经有了一定的化学基础，学习起来很轻松，"第一年没有很好读，因为念的东西我都懂"②。1949年春，在大二下学期的有机化学课程中，陆熙炎深受系主任王葆仁的启发，至今仍对王葆仁的授课方式印象深刻。在陆熙炎看来，王葆仁"人很小，声音非常轻，他上课不是哇啦哇啦地讲，而是慢条斯理地讲这个反应应该怎么样，一直是这么大的声音。"③ 但是王葆仁上课非常严格，两个小时一直上，中间不停顿，休息的时间也用来继续上课。至于考试，他也有一套独

---

① 陆熙炎访谈，2015年5月4日，上海。资料存于采集工程数据库。
② 同①。
③ 陆熙炎访谈，2015年5月4日，上海。资料存于采集工程数据库。

特的"招数"。王葆仁经常组织小考,但不预先通知考试时间,凡是小考几次都及格者则免于大考。陆熙炎在大二下学期就得到了免大考的资格。

  他有一个习惯,考试从来不通知,讲课讲到一半时叫大家拿一张纸出来就开始考试了。平时的考试,一个学期也是两到三次,所以那个时候比较自由,这是他自己定出来的规矩。我印象很深的是,我们每个礼拜六晚上都要把他讲的东西仔仔细细地看上几遍,怕他考。每一次上课,都不晓得他会不会开考。他让大家拿一张纸出来,那就是要考试了。他上课并不强调要好好考试,他希望我们平时就学好学扎实,我们在礼拜六晚上一般都在温习他讲的东西。①

在当今众多化学家的回忆当中,王葆仁都是一位举足轻重的人物。我们可以从众多师生纪念王葆仁的文章中发现,王葆仁十分重视学生对基本概念的理解。他认为基础课比选修课更为重要,在分析实验结果时,从分子结构阐明发生反应的原因和物质具有这些特征的机理;用电子理论来解释化合物性质;通过综合法来分析化合物结构;涉及有机天然产物时,着重用化学反应来判断化合物的分子结构。他讲解时会始终围绕课题,紧扣基本概念。

他十分注意国内外有机化学的新发展和科研动向,认为讲课就是讲学,常讲常新,让学生置身于当代有机化学的知识前沿并使之目光高远。王葆仁曾采用当时最新的卡勒(Paul Karrer,1889—1971)主编的《有机化学》课本授课,在鲍林(Linus Pauling,1901—1994)提出关于分子结构的共振论②之后,他立即为学生补讲。

---

① 同①。
② 朱晶,叶青:共振论争论的科学之维。《自然辩证法研究》,2016 年第 32 卷第 6 期,第 70-75 页。

第二章 从金陵到"东方剑桥"

王先生是从英国留学回来的，当时英戈尔德①关于化学机理的理论和所谓"亲核试剂"这些概念刚刚出来，这也是当时有机化学的反应机理中最新的理论。当时国内其他地方不太有人讲。但是王先生对这些问题讲得比较透。②

另外，他十分强调科学实验，即便是在艰苦的环境下，他也尽可能利用有限的条件让学生动手实验。王葆仁严格要求学生在实验时准备充分、操作精细、技术熟练、秩序井然，并告诉学生化学是实验性很强的科学，不具备敏锐的视察力和灵敏的操作技巧很难成才。王葆仁在担任理学院院长、化学系主任期间，仍然每天检查实验室的仪器和实验用品，查看实验准备是否到位、实验环境是否整洁；若发现操作违规，则立即停下整顿。浙江大学在湄潭办学的困难条件下，有机化学实验缺水、电和煤气，酒精也很少，王葆仁便指导学生用木炭炉代替酒精灯加热；在高、低木架上放置水罐，虹吸高水位的水流入冷凝器，再流入低水位罐，用高低水罐换位来实现回流冷凝。参加实验的学生用扇子不断地给碳炉煽风，让碳燃烧充分而给炉子加温，他们还用手摇真空泵做减压蒸馏和真空过滤。这样的有机化学实验既贴近生活，又围绕化学领域的前沿，成为浙大校园里一道自力更生、土法上马的风景线。

对此，陆熙炎和戴立信有着共同的回忆：

王老师秀丽的板书、条理清晰而饶有趣味的讲课把我们引入那富于变化却又总是生机勃勃的有机化学领域。虽已过去40多年，但王老师那不紧不慢、层层深入的讲解给众多听过他的课的学生留下了难以磨灭的印象。从未见到他训斥过学生，可一当他出现在黑板前，教室内立刻鸦雀无声，大家全神贯注地跟着他的思路奔驰，他以自己丰

---

① 英戈尔德（Christopher Kelk Ingold，1893—1970），英国化学家，提出了有机化学领域与有机反应机理相关的许多概念，如亲核、亲电等。这些概念的提出对揭示有机反应内在机理，从而实现控制有机反应起到了巨大的促进作用。

② 陆熙炎访谈，2015年5月4日，上海。资料存于采集工程数据库。

图 2-2　陆熙炎在王葆仁家中（摄于 1985 年，左为陆熙炎，右为王葆仁）

博的知识赢得了学生们的崇敬。[①]

王葆仁讲课的口碑非常好，他后来被调往中国科学院化学研究所，并创建了中国科学技术大学高分子化学与物理系，但他始终坚持教学，许多人因此听过他的课。

> 他在中科大担任了几年有机化学的教授，给不少学生上过课，有些 1963 年毕业到有机所来工作的人还曾听过他的课。我对他上课印象很深的是，看他这样子在黑板上写字，但是最后中间加几条线就有一张表格出来，他不用幻灯片，都是在黑板上写。[②]

除了王葆仁独特的教学方式让陆熙炎感触颇深之外，他坚持做研究的精神也感染了陆熙炎。王葆仁组织了一个研究小组，成员包括陆熙炎当时的师兄，他们利用各种试剂跟酮、羰基、腈基反应。陆熙炎感叹，在当时研究条件非常简陋的环境下，王葆仁等化学家对科学研究的执着着实让人

---

① 中国化学会，中国科学院化学研究所：《献上心中的花环——纪念著名化学家王葆仁》。北京：科学出版社，1988 年，第 40-42 页。

② 陆熙炎访谈，2015 年 5 月 4 日，上海。资料存于采集工程数据库。

第二章　从金陵到"东方剑桥"

敬佩。陆熙炎从事研究之后，时常以王葆仁和黄鸣龙先生为例，表明做科学研究需要有一颗耐得住寂寞的心。

> 两位先生当时做研究的条件真的是很艰苦。黄鸣龙先生抗日战争时期在云南的时候，只能买到酒精，其他都买不到，他就用最简单的试剂——酒精和酸碱等来做研究，其他的试剂都没有，结果确定了山道年结构里三个不对称碳原子构型。我后来建议同学们多去了解化学家对研究的执着，我不是总要去回忆过去，而是希望同学们了解化学家们如何在艰苦条件下利用简单的试剂来研究复杂的问题。因为做研究需要坐冷板凳，要静得下心来、耐得住寂寞，还要会想办法克服困难做研究。①

陆熙炎就读大学二年级和三年级时，世界化学的中心在德国，专业的化学书籍和化学期刊大部分是德文，化学系的同学要修习第二外语——德语，第一外语仍然是英文。陆熙炎学了两年德文课程，这些德文课程由德国人讲授，这段时期的德文学习为他大学四年级的学习研究以及后来进入中国科学院上海有机化学研究所从事研究工作提供了很大帮助。进入四年级后，陆熙炎开始有意识地阅读相关德文文献，特别是在毕业论文研究中，如查阅到某篇文献中记录有详细的制备方法和步骤等，陆熙炎就会去找这篇文献并仔细阅读。

> 在浙江大学求学时期学了两年的德文，到了有机所后，所学的德文派上了用场。那时不像现在查文献这么方便，当时有好几本工具书和权威期刊都是德文的，我后来到有机所后还在看德文书，觉得德文是很有用的。因为在第二次世界大战前，德国有机化学方面的研究做得最好。②

此外，为陆熙炎等学生讲授物理化学的是吴征铠。在学生看来，吴征

---

① 陆熙炎访谈，2015年5月4日，上海。资料存于采集工程数据库。
② 陆熙炎访谈，2015年7月25日，上海。资料存于采集工程数据库。

图 2-3　陆熙炎与郑平在吴征铠家中（摄于 1999 年，左起：陆熙炎、郑平、吴征铠）

铠的风格跟王葆仁不同，比较开朗一点，上课时声音铿锵有力，"声音不是那么轻，讲课时喉咙哇啦哇啦地响，和王老师完全不一样的。"陆熙炎的毕业论文跟随张其楷做。张其楷主要讲授药物化学和食品化学，对学生要求非常严格。陆熙炎研究的是硫的化合物，做了一些探索性实验，虽然这项研究有一定的应用性，但仍然处于探索阶段，加上那时的研究条件有限，指导老师对学生也没有特别严格的要求。

陆熙炎极为赞赏浙大当时的风气。他读一年级时，住在华家池农学院的学生宿舍里，华家池实际上是在乡下，不在城里面，因为浙大本部住不下，他们便被安排在这里。浙江大学常有学生运动，陆熙炎并不是每次都参加，临近毕业时，他参加了求是科学社。这个学社是由谷超豪和浙大同学吴士濂、薛天士于 1946 年 4 月发起组织的，旨在推动学生运动，谷超豪任社长。陆熙炎参加了求是科学社组织的一些科学活动，当时的组织活动科学性较强，讨论活动也比较多。

求是科学社是谷超豪在领头，他其实是一个地下党员，当时我什么都不知道。后来才了解到那是共产党的地下组织。当时谷超豪也是

第二章　从金陵到"东方剑桥"　　19

图2-4 1950年浙大师生职工合影（前排左起：顾学民、陈嗣虞、张其楷、严文兴、王承基、吴征铠、王葆仁、王琎、丁绪贤、钱人元、张启元、孙树门、张复生，陆熙炎位于吴征铠后第三排）

一个做学问的人。[①]

1951年7月，陆熙炎从浙江大学毕业，和他同一届毕业的仅有丁维钰、杨维达和李承欧3人。虽然入校时化学系有11人，读到三年级时还剩下8名同学，但是毕业时只有4人。当时尚无学位制度，所以他们毕业的4人连学士学位也没有。1951年，院系调整，张其楷被聘为解放军军事医药科学院药物研究所所长，王葆仁也决定到新成立的中国科学院有机化学研究所工作。王葆仁问陆熙炎和丁维钰是否愿意跟着一起到有机所。彼时，国家首次对全国毕业的大学生实行统一分配制度，王葆仁提出这个问题时，陆熙炎还不知道是统一分配，便欣然答应。同年7月，陆熙炎和丁维钰自浙江大学化学系毕业后被分配到有机化学研究所工作。

---

① 陆熙炎访谈，2015年5月4日，上海。资料存于采集工程数据库。

第三章
初到有机所

1951年，陆熙炎跟随浙江大学的恩师王葆仁进入中科院有机所工作，先在梅斌夫门下研究麻黄素分离，后调入汪猷小组从事链霉菌的发酵、提取和分离。在此期间，陆熙炎开始正式进入科研领域，受到系统的化学研究训练，并由此奠定了科研基础。

天然产物研究与麻黄素分离

1951年8月27日，陆熙炎到岳阳路320号中国科学院上海分院报到，成为研究实习员，工号为5102。由于在毕业前的体检中查出了肺结核，他病休三个月，在上海自己找医生看病，11月才到有机所上班。"不幸的是，我在毕业生体检时发现左肺有肺结核，报到后只能病休三个月。当时链霉素刚问世，绝对用不起，只得服大剂量的PAS（对氨基水杨酸）。三个月后果有好转，即上班。"[①]

[①] 陆熙炎：八十年一瞬间。见：中国科学院上海有机化学研究所编，《陆熙炎院士八秩华诞志庆集》，2008年，第21-24页。内部资料。

当时有机所在长宁路865号，刚成立不久，由中央研究院化学所的有机化学部门和所属的北平研究院药物所和药学所筹备处合并组建而成。庄长恭（1894—1962）任所长，王葆仁为副所长。

1951年暑期前后，浙江大学一批师生陆续来所报到，王葆仁、钱人元、朱秀昌、马蕊然、盛怀禹、郑友菊及胡妙珍等都来到有机所。至此，有机所的研究人员已有30余人，聚集了一批长期从事有机合成、天然产物及综合染料与煤渣副产物利用等方面基础理论研究的研究者。

此时，正值国家倡导基础研究之际。1951年11月，中央宣传部正式成立科学卫生处，由胡乔木分工领导。中华人民共和国成立初期，《共同纲领》第四十三条曾规定："努力发展自然科学，以服务于工业、农业和国防的建设。"那么将怎样实现"发展"的内在要求和"服务"的外在诉求？理论和实际之间有什么关系？这是当时争论得最激烈的问题。胡乔木在针对科学院研究人员的一次讲话中回答了这一问题。他指出，"实际"一词有两种意思，"理论联系实际"也有两种含义。"实际"一是指客观实际，如中国社会的客观实际；二是指实践，科学实验就是实践的一种。所以"理论联系实际"一方面是指中国的科学工作应该联系中国的客观实际，联系中国经济建设和国防建设中的重大问题，另一方面是指理论还要由实践来检验，经过检验的理论才能指导科学实验工作。此外，他在讲话中还进一步阐明了科学工作要满足国家建设的近期需要和长远需要之间的关系，也就是说科学工作除了要看到当前的实际需要，还要注重长远需要，并重视理论研究。[1] 正是根据这种思想导向，有机所在1951年5—12月开展了上述有机合成、天然产物及综合染料及煤渣副产物的利用等方向的研究工作。

1951年11月，陆熙炎跟随梅斌夫[2]学习麻黄素的分离方法。1924年，在协和医学院任助教的陈克恢与其同事共同从麻黄中分离出左旋麻黄碱，发现其多方面的生理活性，将它用于治疗支气管哮喘、干草热和其他过敏

---

[1] 《胡乔木传》编写组：《我所知道的胡乔木》。北京：当代中国出版社，2012年，第156-164页。

[2] 梅斌夫（1900-1992），江苏吴江人，1926年毕业于金陵大学化学系，1950年进入中国科学院上海有机化学研究所，长期从事植物有效成分和抗生素的研究，致力于麻黄素化学研究与工业生产。

性疾患。麻黄中的生物碱由此引起了中外医药界的关注。在药物研究所，赵承嘏与梅斌夫对麻黄中的生物碱进行了研究，他们从麻黄中发现3种新的有机物，其中一种植物碱命名为麻黄副素，并交由当时在美国的陈克恢研究其生理作用，发现麻黄副素与麻黄素效用相反。自中国科学院接管北平药物所之后，梅斌夫依然从事麻黄碱的研究，陆熙炎因而也跟随他学习。

> 麻黄是一种中药，有效成分就是麻黄碱，又叫麻黄素。那个时候，药物所和有机所在一起，还没分开，整个有机所做天然产物研究的人很多。①

那时国内已经有一套成熟的程序来研究麻黄素，陆熙炎加入有机所后主要是在梅斌夫的指导下学习相关的研究程序。1951年11月，中国科学院院部思想改造运动开始，1952年秋结束。由于思想改造运动持续了八个月，加之麻黄素的研究工作没有进度要求，陆熙炎实际投入研究工作的时间不多。

链霉素的提取与分离

时值朝鲜战争时期，美国飞机在朝鲜及中国东北地区投了不少细菌弹，不少国人受到感染。当时中国处于新中国成立初期，遭到西方国家的经济封锁，医疗用品特别是抗生素类药品奇缺。因此，抗生素药物的研发与生产成为当务之急，国家把抗生素列入五年计划，要求研究人员做好青霉素、氯霉素、链霉素、金霉素、地霉素这5个抗菌素（后来改为抗生素）的化学研究及组织，尽快提供抗菌素产品，并任命汪猷和黄耀曾等负责抗菌素方面的组织工作。20世纪20年代，弗莱明（A. Fleming）发现青霉素，

---

① 陆熙炎访谈，2015年1月27日，上海。资料存于采集工程数据库。

图 3-1 1958 年链霉素组全体成员合影（左起：屠传忠、张及贤、胡振元、陈一飞、戴行义、王执中、陆熙炎、叶伟贞、汪猷、曾明英、华瑾）

不久青霉素投入工业化生产，成为当时科学研究的前沿。20 世纪 40 年代成为抗生素新药的时代。汪猷敏锐地抓住了这一前沿，于 1944 年开始了桔霉素的研究，掌握了微生物和发酵等方面的理论知识，从烂橘子的霉菌中采集菌种，经培养、提取、分离得出一个新的抗生素——桔霉素。1947 年，他的研究论文发表在 Science 上并引起关注。不过，由于桔霉素毒性较大，未能投入临床使用。尽管如此，汪猷在抗生素领域已经积累了相当的知识储备和研究基础。

1952 年 10 月，汪猷及其课题组由中国科学院生理生化研究所调入有机所。这样，有机所成立了两个大的研究组，即抗生素研究组和高聚化合物研究组。由于国内急需抗生素，中国科学院将抗生素列为第一个五年计划中的 10 项重点研究对象之一，为此，抗生素研究组汇集了有机所一半的科研力量。其中，汪猷负责研究链霉素。黄耀增负责抗生素大组中的金霉素组，对金霉素进行提取、结构测定和合成。除了抗生素研究，有机所接受的另外一项国家第一个经济发展五年计划任务是高分子化学研究及生产。高分子化学组主要进行有机玻璃、卡普伦的研制以及有机硅树脂与纤维的单体制备、聚合反应以及聚合动力学的研究。另外，朱子清和陆仁荣等对生物碱开展研究。

1952年年底,陆熙炎和梅斌夫一同进入汪猷的链霉素小组,当时的身份是研究实习员,"(这)名字起得很好,实际就是实习,要跟着别人学习怎么去研究一个东西。"① 研究链霉素等抗生素,首先需要解决的问题是培养菌种。

  当时做什么东西取决于有什么菌种。专门跑到很脏的地方去找新的抗菌素,甚至连坟墓都去过,挖出泥土,看能不能杀菌。他抱定一个目的,就是要找到新的菌种。链霉素的菌种很宝贵,要找到一个菌种很不容易,找到一个能高效杀菌的抗菌素更不容易,不仅要考虑某个菌种所生产的抗菌素杀什么病菌,还要考虑它产生的抗菌素的产量是不是足够高。最开始只能产生600多个单位的链霉素,后来升到20000多。②

1953年,汪猷与赵承嘏、黄耀曾、梅斌夫等倡议在上海成立抗生素研究工作委员会,并提出由上海有机所通过发酵法制备链霉素和金霉素。最初的设想是进行链霉素菌种的选育、发酵、提炼、分离、结晶纯化和结构测定等多方面、分步骤的研究工作。陆熙炎与研究小组的研究人员首先进行的是链霉素的菌种选育、发酵和提炼。由于菌种选育和发酵不是完全的化学反应,陆熙炎等与中国科学院植物生理研究所的沈善炯、单慰曾以及药物研究所的蔡润生、谢毓英、包琴珠等研究人员合作,用X射线照射法、紫外线照射法等对链霉素菌种进行选育,初选之后就是链霉素的发酵。

  采用光照等方法,提高了效率。发酵并没有采用特别的办法,张丽青告诉我具体的操作办法,我就照他的办法做了,发酵后得到高效率的链霉素。我们负责化学部分,就是要把它提炼出来,选育部分是植物生理研究所在做。③

---

① 陆熙炎访谈,2015年1月27日,上海。资料存于采集工程数据库。
② 同①。
③ 陆熙炎访谈,2015年1月27日,上海。资料存于采集工程数据库。

第三章 初到有机所

在选育并发酵链霉素的菌种之后,接下来提炼链霉素就是化学部分的工作了。如何从发酵液中提取链霉素呢?陆熙炎先去查找文献,凭借较好的日文基础,陆熙炎发现日本人最新采用的方法是离子交换。链霉素是弱碱,通过离子交换,一个新的弱酸离子交换树脂,可以把弱碱吸上去,再用酸把它洗下来。亦即先用弱酸型离子交换树脂吸附,再用稀盐酸洗脱。因为链霉素结构中有氨基,能和离子交换树脂形成盐,所以新法显然比老法要高效得多。但是,那时国内还从没有人做过离子交换树脂,而当时有机所的实验和研究条件并不足以进行离子交换树脂,怎么办呢?汪猷当机立断,决定让研究人员自己做。

我当时看到日本的一个新文献,用了改良的方法。我觉得这一点非常前沿。汪猷先生就讲:没有离子交换树脂,我们自己做。这个工作量非常大,因为要合成离子交换树脂,前面有很多的事情要学习和研究,工作量不亚于去做高分子。而离子交换树脂当时没有人做过,从头做蛮费事的,当时我们的离子交换树脂就是把聚合出来的小的颗粒用来作一般离子交换树脂。①

按照梅泽纯夫的水杨酸型交换树脂的制作方法,研究人员合成了离子交换树脂。

我们做好离子交换树脂之后,使用起来确实很方便,因为混合物一放上去后,杂质就很少了,很容易弄到纯的东西,我们做了一年,从发酵开始做,把它做出来结晶。②

陆熙炎等先使用草酸酸化发酵液沉淀钙离子,同时使菌丝凝集,并从清液中分离,然后用酸处理激活的矽藻土或竹浆作助滤剂,解决了扩大试剂中发酵液过滤的困难,而对于收率没有造成显著的损失。通过使用梅泽纯夫的水杨

---

① 陆熙炎访谈,2015年1月27日,上海。资料存于采集工程数据库。
② 同①。

酸型交换树脂，发酵液中的链霉素达到60%的收率，纯度约为500单位/毫升。

在获得高纯度的链霉素发酵液之后，随后的问题是如何从发酵液中获得晶体。虽然氯化钙与发酵液反应能生成复盐，但是生成的复盐纯度不高，还可能受到发酵液中的杂质的影响，因此需要对复盐进一步提纯。陆熙炎等遇到的难题是该采取什么样的纯化步骤。他们发现有些文献提到了用层析法来分离提纯，于是，他们自己建立了一套层析法——使用氧化铝作层析剂，将链霉素发酵液粗制品进行层析纯化，通过层析后进一步提高纯度，而且除去下一步可能阻碍氯化钙复盐形成的杂质，使复盐的纯度与吸收率提高。通过这样的层析法，从纯度最高的部分制得的氯化钙复盐达到了实验所要求的规格。在小剂量的实验获得成功后，研究小组成员又做了扩大实验，将发酵液的量提高到120升，把链霉素盐酸盐粗制品溶于无水甲醇等洗涤，然后放置在真空干燥器内干燥，最后得到了纯度为600单位/毫克以上的针形链霉素氯化钙复盐结晶。1953年11月，他们成功地用离子交换法从发酵液分离得到链霉素盐酸盐氯化钙复盐结晶，这是国内首次获得链霉素盐酸盐氯化钙复盐结晶。

> 一定要加入氯化钙生成复盐，然后整个结晶才能够出来。结晶里面包含了氯化钙，如果从复盐里面或从结晶里面把氯化钙再分离出来就比较容易了，只要把链霉素溶解在有机溶剂里面，用水把氯化钙拉出来就可以了。[①]

这意味着中国率先采用阳离子交换方法替代活性炭吸附法分离纯化链霉素，并最终得到盐酸链霉素氯化钙复盐结晶。之后因为国家任务的需要，有机所并没有按照惯常的研究程序到实验厂去做进一步的扩大实验，而是让陆熙炎等研究人员转向基础研究工作。

---

① 陆熙炎访谈，2015年2月10日，上海。资料存于采集工程数据库。

抗生素国际会议与链霉素化学

链霉素要实现大规模工业化生产和应用，最理想的途径是进行人工合成，这是一个大的研究方向。而要进行人工合成，首先得弄清楚链霉素的结构。当时已有研究报道链霉素有三个部分，由糖苷连起来，一个糖是环状的，像环己六醇一样，但是有四个羟基、二个氮，相邻的羟基通过链糖连接，最后一个成分叫氨基葡萄糖（N-甲基氨基葡萄糖）。但是，三个糖中只有两个糖的结构是清楚的，虽然化学家已经对链糖的结构进行了推测，但是没有从含有链糖的化合物里分离出链糖来，如何合成链糖更是未知。

也就是说，链糖和双氢链糖分别是重要抗生素链霉素和双氢链霉素的主要组成部分之一，但是直到1953年，国际上的相关研究团队还没有通过天然产物获得它们，也没有用人工方法合成它们。汪猷决定让华瑾和陆熙炎等研究链糖的半合成。1954年1月，陆熙炎转入链霉素化学研究。陆熙炎等人的研究目标是弄清楚链霉素的结构，而研究链霉素结构的重点是得到链糖。他们从链糖的半合成入手尝试用一个已知的糖苷还原。他们分离了双氢链双糖胺的两个组成部分，即N-甲基-L-葡萄糖胺及不含氮的糖，从五乙酰双氢链双糖胺甲苷的乙酰解产物中分离得到不含氮的糖，并且初步证明不含氮的糖中双氢链糖的存在。

> 链糖的结构当时只是推测出来的，因为没有从实验室中获得它，所以只能根据它的性质来推测它的结构，即根据它的元素分析，从化学上推测几个氢、几个碳。只是知道它的化学式，不知道它的结构式……做结构研究的时候，先要把链霉素分解下来，有两个部分含氮，分别是环己醇和氨基葡萄糖，没有氮部分的叫链糖。要把链糖拿出来、结晶结出来，这方面工作比较难。[①]

---

① 陆熙炎访谈，2015年1月27日，上海。资料存于采集工程数据库。

1955年12月1—6日，中国科学院组织抗生素学术会议，会议分为生物学组、化学组、综合组和临床应用讨论组，内容涵盖链霉素、金霉素、氯霉素、地霉素等内容。有机所有十几人参会。陆熙炎作为会议秘书也在其中。会上，汪猷报告了链霉素小组的研究工作"有关链霉素试制的菌种选育、发酵及提炼的研究工作报告""双氢链糖的分离初步报告"并引起讨论。

邢其毅认为"双氢链糖分离的工作很重要，是链霉素结构工作中不可缺少的一环，得到双氢链糖对于链霉素的结构是很重要的。希望，能做下去，完成它。"

日本学者住木谕介提道：

链糖的结构只用间接的方法来证明，而没有用直接的方法获取它的化学结构，因此汪先生能注意到这一点我感到很高兴，若进一步地从羟基链霉素做成双氢羟基链霉素，利用双氢双羟基链霉素直接分解，如能得到双氢羟基链糖的话，那将更进一步得到证明。不过，这些问题汪先生可能早已想到了。

汪猷对此进行了回复：

这一意见对我们很有帮助。但我们没有能产生羟基链霉素的菌种，因此要得到大量的羟基链霉素对于我们是一个困难。根据猜想，羟基链糖一定较链糖为稳定或较易结晶。现在已知的支链糖都不是结晶的，但我想支链糖是一定能结晶的。其所以不能结晶，只是因为异构体太多，不纯罢了。

正是因为考虑到用这种方法从五乙酰双氢链双糖胺甲苷的乙酰解产物中分离得到不含氮的糖部分时，所得到的产物既不纯、量亦极少，须做进一步研究。由于从天然产物中分离链糖比较困难，因此，汪猷、陆熙炎和华瑾等考虑先从双氢链糖的半合成着手。双氢链糖具有重要生物学意义，因为它们的分子结构上带有独特的支链，从有机化学的观点来看也有研究价值。直接得出双氢链糖的结构非常困难，所以汪猷等后来想到，双氢链糖酸内酯已有办法可以获得,是不是可以将双氢链糖酸内酯还原,间接说明双氢链糖的结构呢?

有羟基的叫双氢链霉素。链霉素中的链糖这里原来是一个醛,还原以后变成 CH_2OH,这个就是双氢链霉素。将双氢链霉素断开以后,氧化成为内酯,双氢链糖酸内酯就拿到了,把这个还原得到一个双氢链糖,这就是我当时的工作——做链霉素还原,再氧化。链霉素还原成双氢链霉素,这个都是已知的。双氢链霉素一方面断开,一方面氧化,得到双氢链糖酸内酯,然后还原,关键是还原这一步……比较困难。[①]

用内酯还原也是一种合成,不过叫半合成,不是从头来开始做的,因为内酯在中间阶段可以获得,这是汪猷等想到的一个简单办法,而得到内酯的方法是已知的。考虑到从双氢链糖酸内酯还原是最便捷的途径,他们试图用还原剂进行还原,产生出一种还原性糖和一种过度还原的物质的混合物。值得一提的是,他们不仅在研究中使用了国际上刚发现不久的锂铝氢等还原剂,在加入还原剂时使用倒加方法(这种方法还从未在文献上提到过),而且还用了减压蒸发浓缩、分溶纸上层析等自己独创的化学研究和分析方法,并利用元素分析对产物进行鉴定,证明所得的还原性糖为双氢链糖、从还原产物所得到的结晶衍生物是双氢链糖的对甲苯磺酰腙。[②]

1955 年,陆熙炎被提升为助理研究员。在进行链霉素研究的这段时期,为贯彻中国科学院有关学习苏联的方针,华东办事处分别在岳阳路及长宁路两区开办俄文速成学习班,中国科学院掀起了俄文学习的热潮。陆熙炎亦参加了俄语学习,不过大部分时间是在自学,因为他有德文基础,只要能看懂俄语的语法就能看懂俄语了。

1956 年,陆熙炎继续进行链霉素化学的研究,应届生张及贤进组,与其一起工作。1958 年,他们成功从双氢链糖酸内酯合成双氢链糖,并由汪猷在第四届国际生物化学会议(维也纳)上提交论文,后发表于《科学记录》及

---

① 陆熙炎访谈,2015 年 2 月 10 日,上海。资料存于采集工程数据库。

② 汪猷,陆熙炎,林文德,张及贤:自 L-双氢链糖酸内酯合成 L-双氢链糖。《化学学报》,1959 年第 5 期,第 254-264 页。

《化学学报》。双氢链糖合成工作完成之后，陆熙炎就没有再做链霉素的工作了。由于他不是研究生，而是工作人员，当时所里安排什么任务就做什么研究。1959年，出于核燃料萃取剂研究方面的需要，陆熙炎奉调进入萃取剂组。

感受传统　奠定科研基础

陆熙炎曾在《一个老职工的回忆》中提到他进入有机所后，作为刚入门的研究人员，老一辈的科学家对他的学术影响，比如庄长恭的"科研有四会"和汪猷的"三敢三严"。老一辈科学家通过示范和引导，让这些优良的研究传统在有机所植根、发芽。

科研有四会

庄长恭常常提及科学研究要有四会——会读、会想、会做、会写。这与他的科学研究经历有关。

在甾体化合物合成与天然有机化合物结构的研究中，庄长恭从麦角甾烷的氧化产物中分离到失碳异胆酸，并由已知结构的异胆酸酯降解为同一物质而证明麦角甾烷的结构，推测出麦角甾醇的结构。他合成了甾族化合物和多环化合物，推动了当时多环化合物研究的发展。在甾体化合物合成与天然有机化合物结构的研究方面，庄长恭表现出严谨的治学态度和敏锐的观察力。例如，在研究麦角甾醇结构中，他从麦角甾烷的氧化产物中发现有难溶性的钠盐悬浮于乙醚层与水层之间，将它分离酸化得到关键性的失碳异胆酸，虽然数量极微（从7克的麦角甾烷只能得到20毫克的失碳异胆酸），但对麦角甾醇结构的推断具有决定意义。正是在这样的化学研究中，庄长恭体会到要多读文献。

此外，他经常鼓励学生多想。当学生偶有心得和他讨论时，他会耐心地倾听并分析学生的想法；当他看到学生正确地设计实验流程图时，欣然自喜地在纸上画上两三个圈,学生也感到异常兴奋。会做指的是会做实验研究,这与化学研究的特性分不开。会写是要求学生对研究有所领会和总结。随着有机所的研究生越来越多,庄长恭的倡导得到了具体的实施。

三敢三严

汪猷时常强调三敢与三严,即敢想、敢说、敢做、严肃、严格、严密。陆熙炎跟随汪猷做研究工作之前,并没有受过系统的研究训练,连研究生的基础课都没有上过,"跟着汪先生一边做任务,一边学习。我当时的情况相当于研究生的水平。"陆熙炎的研究基础是在汪猷的指导下才得以奠定,他对科学研究精神的理解也因为汪猷而变得具体。他时常感叹,汪猷的研究精神和方法对自己的一生影响很大。

在1952年年底的上海市抗生素会议上,有研究者认为根据当时国内的条件,能对国外进口的抗生素进行测试,已经是相当高的要求了,国内不可能从头开始生产抗生素。"但是汪先生力排众议,决定开展抗生素生产的工作。当时我是会议记录员,这是我第一次体会到汪先生的科学精神。"[①]这种精神表明,科学研究要有做开创性工作的勇气和魄力。这一点在具体开展链霉素研究工作时体现得更为明显,他鼓励研究人员利用已有研究条件建立起各种新的研究和分析方法,首先是上面提到的制作离子交换树脂。

> 那时国内还没有离子交换树脂,怎么办?当时汪先生了解情况后,毫不迟疑地说"自己合成"。合成高分子树脂和从发酵液分离抗生素在化学上是完全不同的两码事,但汪先生心中只有分离抗生素这一目的。我体会到这就是汪先生的精神。[②]

[①] 陆熙炎:难忘的岁月——在汪猷先生领导下工作的回忆。未刊稿,资料存于采集工程数据库。

[②] 陆熙炎:难忘的岁月——在汪猷先生领导下工作的回忆。未刊稿,资料存于采集工程数据库。

图 3-2　1993 年，陆熙炎（右）和汪猷（左）在清华大学

　　汪猷这种"没有条件也要克服条件来做研究"的想法还体现在其他新的实验技术的开发方面。链霉素组是汪猷调到有机所后成立的第一个小组，除了屠传忠、华瑾外，都是 1951 年、1952 年进所的大学毕业生，共有 11 人。当时汪猷研究小组的每位成员负责建立一个新的实验或者分析技术，这些技术成为当时国内相应领域的前沿方法。除了华瑾建立的离子交换树脂，其他人员也根据需要建立了当时国际上刚刚发展起来的各种新的分析、分离技术，如胡振元建立了比色分析、离子电泳，陆熙炎建立了高真空短程蒸馏和逆流分溶，戴行义建立了柱层析、薄板层析及纸层析。

　　那为什么要建立高真空短程蒸馏呢？如果在大气压下进行蒸馏，需要达到某一组分在大气压条件下的沸点，该组分才会蒸发出来。而如果换到高真空条件下进行，由于气压小、沸点相应比较低，所需要的物质可以较快蒸发出来，从而降低蒸馏的温度。所谓的短程蒸馏又是什么呢？就是从加热处到冷凝处之间的距离非常短，气体能很快通过。这些方法都是汪猷看到文献上的报道后让研究人员自己去做的。

　　为什么要做纸层析呢？在进行双氢链糖的研究时，层析是很重要的。由于碳水化合物的纸层析是已知的，但碳水化合物大多为乙酰化衍生物，不溶于水，不适宜做纸层析，而当时还没有薄板层析。所以，汪猷让研究人员将滤纸乙酰化，用乙酰化的滤纸做纸层析。

汪猷指导小组研究人员创建的这些分析方法是当时其他研究所没有的，"别的单位来参观的时候，都来看这些东西，回去可能用得到。"① 陆熙炎创立的短程蒸馏方法虽然在进行链霉素研究时没有派上用场，但是他后来从事萃取剂研究时用到了。因为两烷基磷酸一共有 16 个碳，萃取剂的沸点很高，溶剂用短程蒸馏分离效果很好。从这些具体的研究工作中，陆熙炎体会到研究要从基本的问题做起。在没有什么仪器和方法的情况下，"汪先生让我们自己建立方法、克服困难，老一辈的科学家在处理研究方法和条件这个问题上是很不容易的。"

除了敢想敢说敢做，陆熙炎对汪猷的三严"严肃、严格、严密"也体会颇深。汪猷喜欢和研究人员聊天，还会在饭前的休息时间去各个研究室"巡视"。

> 譬如说我们在做实验，他往往到什么时候来呢？到快吃饭的时候来。因为这个时候他把事情大部分都做好了，有一定的休息时间，还有一刻钟要吃饭了，那么他到实验室来转一转。有一次他看到一个东西说这里面有氯离子，你怎么去检验它是氯离子呢？我当时就回答他加硝酸银——这是我们立刻能想到的方法。但是汪先生说不对，是这个氯化银有沉淀吗？我说沉淀证明只是氯化银，但是碘化银、溴化银都有可能。他说不对，要在两个当量的硝酸下面加硝酸银。因为假定是碳酸根加进去，碳酸银也会沉淀，但是一有硝酸就会溶解。可见，他对这个问题是很仔细的，非常严格，所以这个问题到现在我还记得很清楚。这个真的不是一般性的严格。汪先生的知识面非常广，工作非常认真，想到什么，就做什么，比较踏实。每个实验室的工作，汪先生都熟悉，每个人他都了解。②

汪猷还要求用层析分离样品时，必须在试过三个不同体系的溶剂系统失败后，才可以下不能层析分离的结论。当时有机所里流传着这样的趣谈，汪猷"考"研究人员：

---

① 陆熙炎访谈，2015 年 1 月 30 日，上海。资料存于采集工程数据库。
② 同①。

问：这个东西分不开，怎么办？

答：用纸层析。

问：还是分不开，怎么办？

答：用反相纸层析。

问：还是分不开，怎么办？

答：用薄板层析。

问：还是分不开，怎么办？

答：用逆流分溶。

问：还是分不开，怎么办？

答：用高真空短程蒸流。

问：还是分不开，怎么办？[①]

这段趣谈形象地总结了汪猷的严格和严密。

科学研究的首要目的是弄清楚问题，而不是发表论文，这是陆熙炎从汪猷所做的抗生素研究（包括链霉素研究工作）中体会到的。1947年，汪猷在桔霉素方面的研究成果就已发表在 *Science* 上，但陆熙炎觉得汪猷从来没有把在如此重要的刊物上发表文章当作一件值得一提的事情。到1951年，汪猷离开桔霉素相关研究领域几年后，陆熙炎感叹：

> 这说明汪猷发文章不是那么着急，而是有空的时候才想起来发。他的目的是要做研究。他跟我们讲，发表文章是副产品，不是主要目的。这个问题我认为现在也应该这样看待，否则于科学研究不太有利。[②]

---

① 陆熙炎：难忘的岁月——在汪猷先生领导下工作的回忆。未刊稿，资料存于采集工程数据库。

② 陆熙炎访谈，2015年1月30日，上海。资料存于采集工程数据库。

第四章
核燃料萃取与胰岛素合成

1958年，中国的科学事业"进入了原子能时代"[①]，时任中国科学院党组书记、副院长的张劲夫组织中国科学院的科学家和科技人员参与"两弹一星"的研制工作。在这种情况下，中科院有机所经过"三天三夜大讨论"，将科研转向"主要提尖端、领先的科学项目，通过任务带学科"，确定了硼氢高能燃料、有机氟材料、元素氟、萃取剂和有机锡防霉剂等研究领域。[②]

1958年8月，中国科学院受二机部委托，向上海有机所下达了研制萃取剂的任务。陆熙炎根据安排，率先从事抗辐射研究。1959年，陆熙炎奉调进入袁承业负责的核燃料萃取剂组工作，任大组副组长兼第一小组组长，从事酸性磷酸酯型萃取剂的合成和生产。

核燃料萃取剂的筛选与合成

在进入萃取剂组之前，陆熙炎做过一段抗辐射研究的准备工作，即射线的防护——也是有机所在接受"两弹一星"研制任务后确定的方向之

[①] 郭沫若：中国跨进了原子能时代——答《世界知识》记者问。《世界知识》，1958年第14期，第6页。

[②] 朱晶，黄智静：《虚怀若谷：黄维垣传》。上海：上海交通大学出版社，2015年，第98页。

一。这与中国的原子能研究大背景有关。

> 当时做 X 光检查，透视胸片，医生要穿铅背心。X 光从那边透过来，医生在这边看，辐射是很厉害的。所以我们要研究一个抗辐射的药，或者其他抗辐射的装置。①

在做了短短一段时间的抗辐射研究准备工作之后，有机所科研方向大调整，陆熙炎被安排到萃取剂研究小组进行原子弹研究，其中最重要的工作是原料铀的提炼浓缩。"搞原子弹，要攻克三大技术难关"②，张劲夫如此总结原子弹研制的难度。制造原子弹的原料是铀-235，但是矿石中能够用于原子弹的天然铀的含量很低，铀-235 在天然铀中的丰度只有 0.72%。而中国的铀矿资源不甚丰富，铀矿矿床规模以中小型为主，品质偏低，常与磷、硫及有色、稀有金属矿产共生或伴生。因此，需要把铀从矿石中冶炼出来。此外，铀还有同位素铀-235、铀-238，制造原子弹用到的是铀-235，这又需要将其与铀-238 分开，并使铀-235 的丰度达到 98% 以上。也就是说，既要将铀-235 和铀-238 分离，又要提高铀-235 的纯度。正因为如此，萃取铀是研制原子弹不可或缺的环节，而从铀矿中获得高纯度铀-235 是关键。

除了陆熙炎，来自袁承业负责的第二研究室的徐元耀、叶伟贞等 60 多位科研人员和技术工人都参与到萃取剂的研制过程中。第二研究室分成了几个小组，包括萃取剂小组、同位素小组等，萃取剂的研究工作实行保密制度，各小组并不清楚其他小组的具体工作。

萃取剂研究组是一个大组，其下又分成四个小组，陆熙炎属于第一小组，负责做磷类的萃取剂。徐元耀负责第二小组，做含氮的萃取剂。这两类萃取剂一个是酸，一个是碱。第三小组由叶伟贞负责，做中性萃取剂。第四小组由施莉兰负责，做萃取剂的性能，负责研究萃取剂在什么条件下

---

① 陆熙炎访谈，2015 年 2 月 5 日，上海。资料存于采集工程数据库。
② 张劲夫：请历史记住他们——关于中国科学院与"两弹一星"的回忆，《人民日报》，1999 年 5 月 6 日。

图 4-1　20 世纪 60 年代初，第二研究室成员合影（后左起：罗家珍、夏家治、叶伟贞、陆熙炎、龙海燕、施莉兰等）

可以萃取以及是否可以反萃取把铀提出来等。陆熙炎不研究萃取剂的性能，只负责化学合成萃取剂。

当时，萃取化学作为一个学科还没有在国际上建立起来，而且也没有形成统一的对萃取体系的分类准则，对萃取机理的解释也很混乱，更没有萃取方面的化学教材。更重要的是，萃取在当时还只是一个研究方向，实际上是一种分析方法，是分析化学中对元素进行分离处理的方法。虽然无机物萃取的研究工作在国际上进展迅速，但仍缺少全面系统的理论总结，没有正式形成核燃料萃取化学或无机萃取化学这一学科分支。[①] 所以，陆熙炎等人第一步的工作主要还是查阅核燃料萃取方面的文献。当时有关核燃料萃取的文献是保密的，并没有公开发表，而是出自美国的某一份保密文件。除此，还有一些专利，但是描述得不太详细，往往只用一句话介绍用什么物质作萃取剂。

通过文献分析，陆熙炎等慢慢了解到国外的核燃料萃取剂有中性萃取剂、酸性萃取剂和碱性萃取剂三种。中性的叫 TBP，即磷酸三丁酯，使用得最多；酸性的是二 -(2- 乙基己基) 磷酸。并发现一类以有机磷酸为主的萃取剂。为什么用有机磷酸呢？因为磷酸的酸性既不太强，也不太弱。萃取技术要求通过加入萃取剂把溶于水里的物质提取出来。萃取剂通过很长的碳链成盐后，能溶解在有机溶剂里，因此可以用有机溶剂去提取，这样萃取剂的盐就到了有机相里，再用碱将酸中和掉，水溶性的物质就被提取

---

① 叶青，黄艳红，朱晶：《举重若重：徐光宪传》。北京：中国科学技术出版社，2013 年，第 93 页。

出来。虽然原理简单，但在具体操作中不仅要考虑用哪一种原料，还要考虑萃取效率、成本、副产物等问题。

他们对不同基团进行筛选，包括二-(1-甲基庚基)磷酸的制备及其对铀的萃取性能研究[①]。在这之后，陆熙炎等决定从二-(2-乙基己基)磷酸着手进行研究。一方面，其原料容易获取；另一方面，国外也将二-(2-乙基己基)磷酸作为主要的对象来研究，有报道显示这种萃取剂的效果比较好，但是国外研究者并没有透露具体的合成方法，于是陆熙炎将工作重点定为合成萃取剂，而且是实现大剂量合成萃取剂。

为达到萃取效率高、原料易获得、可以大量生产这几个目标，陆熙炎所在的小组开始对有机萃取剂——二-(2-乙基己基)磷酸的制备进行研究。二-(2-乙基己基)磷酸的磷酸酯可以通过磷酸三烷基酯经酸性水解、二烷基磷酸酰氯水解、亚磷酸二烷基酯氧化、五氧化二磷与醇直接作用等多种方法获得。从所需原料和反应条件来考虑，陆熙炎等选择了由五氧化二磷与醇直接反应来制备二-(2-乙基己基)磷酸，同时还探讨了反应条件、水解条件和分离方法以及国产2-乙基己醇中所含杂质对产品质量的影响。他们将这个萃取剂取名为P-204。

"粗活细做"与P-204合成新方法

虽然用五氧化二磷与醇直接反应的方法比较简单，可以获得萃取剂二-(2-乙基己基)磷酸，但是要分离两个产物—烷基磷酸与二烷基磷酸的混合物很困难。实验过程中，陆熙炎等通过滴定的办法来鉴定到底是一烷基还是两烷基，但这种分离手续非常复杂，不容易得到纯的产品。1959—1960年，陆熙炎还尝试了纸层析等各种方法，做了许多批次的试验，但得到的萃取剂纯度仍不理想，造成一部分含铀的原料损失掉。中国的铀矿中

[①] 袁承业，龙海燕，盛志初，等：有机萃取剂的研究VI.《原子能科学技术》，1963年第9期，第674–687页。

铀的含量本来就不高，如果在萃取时原料再损失，得率就更低了。

1961年1月，二机部下达任务要求提高P-204的纯度，同时改进P-204合成方法、降低成本。虽然从铀矿中提取铀是一个"粗活"，但要大批量从矿石中提取，陆熙炎提出要"粗活细做"。

陆熙炎等考虑了多种方法来分离二烷基磷酸和一烷基磷酸，如使用十种溶剂系列，用溶剂分配法提纯；利用二烷基磷酸的钠盐在一定酸碱度下完全溶解于水成透明溶液的办法，使用苯剔去中性部分的醇和其他杂质；研究如何利用副产物一烷基磷酸。但是，所有这些工作得到的萃取剂使用后都没有取得满意的纯度。

后来，陆熙炎在从文献中得知研究核酸的托德[①]使用一种方法来获得磷酸二酯，于是他想到是否可以借用这种方法来获得高纯的P-204。

> 托德在研究核酸时用一个杂环，杂环中间用一个磷连起来，磷酸部分也是一个磷酸二酯，做出来没有单磷酸酯。那么，我就用亚磷酸二酯，用四氯化碳来反应……这样反应的产物没有一酯，因它本身就是用二酯开始的。[②]

最初提出借用托德合成核酸的方法时，"所里面的大多数人都反对，认为这个方法是做精细有机合成的，你去用这个东西来做大批量的核燃料萃取是不行的。"尽管如此，还是有一部分人支持陆熙炎的想法。最终通过这种方法得到了纯度很高的萃取剂，获得了较好的铀矿萃取效果。

> 刚开始都是做一两个品种，后来二机部提出成本问题和纯度问题，我们的压力还是比较大的。它有一个要求，不能低于多少纯度，价钱一定要多少。总算幸运，我们一个季度里面拼命地做，总算达到

---

① Todd Alexander Robertus（1907-），因对了解基因极为重要的核苷酸、核苷和核苷酸辅酶一类化合物的结构和合成的研究，而获得了1957年诺贝尔化学奖。

② 陆熙炎访谈，2015年2月5日，上海。资料存于采集工程数据库。

了要求，完成了国家任务。①

应用基础研究

虽然筛选和合成核燃料萃取剂是一项国家任务，但是陆熙炎和小组成员依然将它当作一项研究来进行，在完成任务的大目标下，他们思考了许多基础理论问题，这也是"粗活细做"的一个表现。除了上述萃取剂合成方法的改进，还有萃取剂的结构和性能的关系、如何获得高纯度的萃取剂等这些被陆熙炎称作应用基础研究的问题。

正因为在汪猷指导下接受了严格的学术训练，陆熙炎在进行萃取剂合成时，总想分析每次合成的产物功能。虽然研究的主要目的是解决核燃料中萃取剂的问题，但是陆熙炎意识到真正解决萃取剂的合成问题，相关的基础研究也少不了。萃取剂研究大组同时做中性萃取剂、碱性萃取剂和酸性萃取剂，他们专门探讨了某些中性磷型萃取剂的化学结构及其对铀氧离子萃取性能的关系。

> 酸性的萃取剂到底怎么样？比如二烷基的磷酸中间有个氧，当然我们也合成了中间没有氧而是碳和磷直接连起来的。虽然性能上差不多，但是合成比之前那个麻烦多了，要成为碳－磷键。这个问题对于工业应用很有意义。如果不做，放弃掉很可惜，也许有很好的功能。不做不知道，做了才知道。所以那个时候也筛选了不少，做了大量的萃取剂出来，然后再去筛选。②

徐光宪当时正在做铀矿废液后处理问题的研究，熟悉络合物研究相关

---

① 陆熙炎访谈，2015年2月5日，上海。资料存于采集工程数据库。
② 同①。

理论，对萃取的机理和分类提出了自己的一套观点。① 有机所的核燃料萃取组还专门请徐光宪讲过一次关于物理化学跟萃取的课程，持续了一个星期。负责萃取剂结构和性能研究的施莉兰还特意到徐光宪的实验室学习过。

陆熙炎在合成、筛选好萃取剂后，便拿到施莉兰负责的实验室去研究萃取效果。

> 萃取剂有一个定义，用多少量能够萃取多少都是有要求和规定的。比如说用同样的量、用两倍的量、三倍的量才能够把同样的一点铀萃取过来，这个就是效果、效率的问题。我们就是做不同的东西出来，待萃取效果过关，再拿到实验厂大量做。②

正是因为没有将核燃料萃取仅仅当作一项国家任务来完成，陆熙炎还探讨了 $UO_2(NO_3)_2$-HNO_3-TBP-煤油萃取系统中有机相的变化及其与乳化的关系。他们发现用溶剂萃取法萃取硝酸铀酰时，磷酸三丁酯(TBP)-煤油系统为最常用有机相之一，不论在硝酸铀酰粗制品的纯化方面，还是在铀裂变产物的分离方面，均有广泛用途。但在循环使用次数较多后，此溶剂系统即发生一些缺点，如分离能力降低、夹带增多、萃取过程中的乳化现象严重，等等。由此，他结合萃取过程中发生的乳化现象，对萃取过程中磷酸三丁酯及煤油方面可能发生的变化及其影响，作了讨论。③ 后来因为 P-204 可以投入应用，陆熙炎就没有专门再去研究乳化问题。

此外，陆熙炎和王国樑还研究了环己基膦酰二氯与高碳醇的醇解反应。环己烯也是一个基团，陆熙炎等尝试用它代替二乙基己基，不过后来工业上没有用，完全变成了应用基础研究，即从应用问题出发发展成基础研究。他们还进一步探讨了如何制备高纯度的 2-乙基己烯，发现了一种从烷基膦酰二氯合成高碳醇的烷基膦酸二酯及单酯的简便方法。

---

① 叶青，黄艳红，朱晶：《举重若重：徐光宪传》。北京：中国科学技术出版社，2013年，第94页。
② 陆熙炎访谈，2015年2月5日，上海。资料存于采集工程数据库。
③ 陆熙炎：$UO_2(NO_3)_2$-HNO_3-TBP-煤油萃取系统中有机相的变化及其与乳化的关系。《原子能科学技术》，1962年，第508–515页。

到核燃料生产现场

1965年,陆熙炎奉命率领小组到东北的一处核燃料生产现场进行P-204的应用试验,为期三个月。核燃料萃取剂的研制已经在实验室完成,并在实验厂进行了大批量生产。陆熙炎此次去现场,主要是帮助解决实际萃取中可能出现的问题,看萃取剂能否在矿场使用。在生产现场,他与工人同吃、同住、同劳动,体验了核燃料提炼工作的艰辛。但是,当看到生产出来的黄灿灿的铀时,他心中真有说不出的高兴。

> 我们当时和工人一起住,住的是一间屋子。双层床,北方叫炕,上面是炕,下面是取暖的,中间进去。我们去了六个人,六个人都睡在上面一层。这种床一是不暖和,二是要爬上爬下。另外,当时也体会到做核燃料生产的工人生活是很艰苦的。住宿跟吃饭离得很远,要走几十分钟,这个不是为了保密,是为了安全。吃饭不在工矿里面,而是在一个山上,要爬上去。[①]

核燃料生产处除了矿厂,还有专门的萃取车间,通过一系列的操作,最后会看到黄色的铀酰铵。

> 讲起来过程很容易,但是操作起来不是那么容易,最后得到的盐的颜色是黄色的,很好看,黄得非常嫩,装在一个个大缸里。中国的铀矿中铀的含量很低,所以提取效率要非常高,才能够做核燃料。[②]

根据中国的原料特点,陆熙炎等有机所的研究人员经过4年时间,研制出酸性磷酸萃取剂 P-204,胺型萃取剂 N-235 也被其他小组研制出来,

---

① 陆熙炎访谈,2015年2月5日,上海。资料存于采集工程数据库。
② 同①。

第四章 核燃料萃取与胰岛素合成

图 4-2 核燃料萃取剂研究小组人员合影（摄于20世纪60年代，左起：吴瑞征、王国梁、佚名、叶功新、陆熙炎、顾惠娟、黄国华、芮震东、孙桂云、龙海燕）

通过在实验厂的中试于1963年向二机部提供产品，用于从铀矿中提取出成品铀，满足了核燃料生产的需要。

通过萃取法提取铀矿后，接下来的一步是分离同位素，这部分工作不是有机所做。任务结束后，陆熙炎被调离萃取剂研究小组。他们在萃取剂研制过程中所进行的基础工作和积累，后来被袁承业进一步扩展到稀土的分离方面，并继续做了很多工作。P-204等萃取剂除了在1963年用于从铀矿中提取铀，后来在金属矿和稀土方面还获得了重要的应用。清华大学的王梅祥对超分子化学、生物催化与生物转化、有机合成做过研究，他在北京有色金属研究院工作时还用过P-204。

> 我在北京有色研究院工作过，当初用过P-204和P-507，P-204的工艺其实就是陆先生做的，P-507是后来袁先生做的。我在有色院工作了三年，专门做稀土的分离纯化，就专门用到过，把他们的有机

膦试剂做到我的树脂里面去，做了高纯度的稀土分离纯化。[①]

1960年，陆熙炎的长子陆海原出生。因为陆熙炎工作繁忙，孩子很小便被送到全托的幼儿园。父子俩相处的时间非常少，陆海原依稀记得：

> 我很长一段时间都是住在全托的幼儿园里，一直不知道他在做什么工作，他回来不说工作的情况。一直到现在，我还是看了他的回忆录之后才知道他做了哪些工作，理解了为什么当初他们把我放在全托的幼儿园里。他做核燃料萃取剂这些工作，当然不能回来说。我只知道我在全托幼儿园，每星期回来，他回来的时候都要给我买一个玩具，然后他就走了。后来我也就习惯了，我以为当时和其他小孩一样，父母亲都必须得走。从这方面来说，我们的下一代比我们幸福。我父亲他们这一辈花了很多时间在做国防科研工作。[②]

胰岛素 A 链全合成

1960年年初，在国家科委和国务院副总理聂荣臻的亲自过问下，中国科学院生物化学所、上海有机所和北京大学化学系组成人工合成牛胰岛素协作组。同年5月5日，有机所正式参与到牛胰岛素的合成工作中。汪猷作为协作组领导人之一，组织上海有机所的科研人员投入合成工作，由于这是1960年有机所的第一项任务，所以任务代号601。

合成牛胰岛素具有什么样的意义呢？生命的过程就是生物体内一系列的化学变化过程[③]，在今天，不论是物理学、生物学还是医学、化学都是这些

---

① 王梅祥访谈，2014年6月26日，北京。资料存于采集工程数据库。
② 陆海原访谈，2014年8月4日，上海。资料存于采集工程数据库。
③ Schreiber S L. Using the Principles of Organic Chemistry to Explore Cell Biology. *Chem Eng News*, 1992, 70(43): 22–32.

"理解化学变化的学科"的基础，是一门中心科学。而在人类认识生命的历程中，随着合成科学的发展，科学家对生命科学的理解发生了几次重要的转变。1828年，德国化学家维勒（Friedrich Wöhler）合成尿素，首次实现了从无机物合成有机物，改变了有机物只有生命体或是通过"生命力"才能产生而无法人工合成的观点，这是合成化学与生命科学第一次被联系在一起。

但是生命毕竟是极其复杂的系统，而尿素又过于简单，因此生命力学说并未褪去。在当时的认知水平上，1851年巴斯德（Louis Pasteur）提出不对称性概念，这被认为是生物和非生物化学之间一条明确的分界线。当时科学家普遍认为对称的物理力或化学力不能产生有机分子的"不对称性"[①]。但是自20世纪60年代起，日本的野依良治（Ryoji Noyori）、美国的诺尔斯（William S. Knowles）和Barry Sharpless实现了不对称催化反应，产生大量手性化合物。而这样的不对称催化反应，在过去被认为只有自然界的酶才能实现。[②] 经过一段时间的发展，现有的不对称催化反应效率已经超过生物酶的活力。20世纪初，费歇尔（Emil Fischer）首先提出氨基酸通过肽键结合形成多肽的观点，确定了蛋白质分子的氨基酸基本骨架，迈出了用化学合成来实现从氨基酸到蛋白质的第一步。[③]

接下来的问题是，能不能合成一种具有生理活性的物质。1953年，迪维尼奥（Vincent du Vigneaud）将有机化学的研究成果成功地应用于生物化学和生理学领域，从氨基酸出发合成了第一个天然多肽激素——催产素，并且合成得到的催产素表现出生理活性。这虽然只是一个九肽，却提供了人工合成更复杂的含硫多肽的途径。但九肽催产素毕竟还是一个人们公认的小分子，分子量约为1007。[④] 1955年，桑格（Frederick Sanger）完成胰岛素的测序工作，使它成为一种可能合成的对象。但胰岛素有空间结

[①] Noyori R. Asymmetric Catalysis: Science and Opportunities (Nobel Lecture). *Angew Chem Int Ed Engl*, 2002（41）: 2008-2022.

[②] Knowles W S. Asymmetric Hydrogenations (Nobel Lecture). *Angew Chem Int Ed Engl*, 2002（41）: 1998-2007.

[③] Horst K. Emil Fischer – Unequalled Classicist, Master of Organic Chemistry Research, and Inspired Trailblazer of Biological Chemistry. *Angew Chem Int Ed Engl*, 2002（41）: 4439-4451.

[④] Du Vigneaud V. Trail of Sulfur Research: From Insulin to Oxytocin. *Science*, New Series, 1956, 123(3205): 967-974.

构，即使克服巨大的困难合成了胰岛素一级结构的肽链，若不能把它折叠成既定的空间结构，依然得不到具有生物活性的胰岛素，因为当时对生物大分子的高级结构与初级结构之间的关系尚不明晰，胰岛素的初级结构是否含有决定天然分子活性结构的信息等问题都尚未解决。在合成方法上，结晶牛胰岛素的人工合成也极大挑战了科学家的智慧。牛胰岛素的成功合成可视为合成科学的重大进步，同时在合成科学的概念上往前突破了一大步。科学家用化学的方法人工合成了一个很大的分子，同时具有很好的生理活性，促进了科学家对生命的理解。从这两个层面来看，结晶牛胰岛素的人工化学合成具有十分特殊的意义。

中国为什么想要合成胰岛素呢？1958年，在"大跃进运动"的推动下，中国的科学家热切希望做出举世瞩目的科学成就。鉴于蛋白质对生命的重要性，中国的科学工作者首先提出了用人工方法合成胰岛素这一课题。胰岛素是分子量较小的蛋白质，只有51个氨基酸。

> 但是我们要为国争光，比过资产阶级的国家，要搞合成就要搞个蛋白质。蛋白质里头要找个最容易搞的，而且别人还没有做过的，所以有这个意愿做胰岛素。[①]

1960年1月，陆熙炎被调入汪猷领导的牛胰岛素合成组。陆熙炎现在回想起来，当时之所以被暂时调入胰岛素研究小组，一方面是研究人员不够，另一方面是因为他曾在汪猷的链霉素小组工作过，汪猷对他比较了解。事实也的确如此。

胰岛素的结构有A链、B链，有机所做的是A链，B链由生化所负责，最初的设想是两个单位分头做，做好了之后把两个链接起来。有机所的工作由汪猷负责，参与牛胰岛素A链21肽的合成，这是突击工作的一部分。有机所的党总支书记、副所长邢伯明和计划处处长汤寿樑在5月

---

① 朱晶，叶青：《根深方叶茂：唐有祺传》。北京：中国科学技术出版社，2017年，第115–116页。

第四章 核燃料萃取与胰岛素合成

10 日也加入到指挥工作中，并增加了中专院校的学生 17 人。[1]该研究组包括陆熙炎、袁承业、屠传忠、陈毓群、徐杰诚、张伟君、汤永褆、胡振元、王志勤等 140 名研究人员和技术人员[2]，约占当时全所研究人员的 2/3。在牛胰岛素 A 链的合成中，他们采取了大小类似的肽段来合成更大的肽的方法，并对保护基的使用和脱除进行了设计。

A 链共有 21 个肽，需要一段一段合成。如何从中间切段？采取什么样的合成途径？这些都只能通过尝试，从七肽加五肽变十二肽，然后十二肽加四肽变十六肽，或者从九肽加七肽变成十六肽。

陆熙炎负责做七肽，即 A_{6-12}。为什么尝试做这个呢？因为在合成胰岛素 A 链中带保护基的氨基末端五肽（A_{1-5}）和羧基末端九肽（A_{13-21}）的同时，利用七肽 A_{6-12} 将它们连接起来。考虑到七肽的三个半胱氨酸的 –SH 基不需要用不同取代基保护，陆熙炎应用苄基保护 –SH 基，因为这一基团在钠－氨处理时可以与 N–苄基氧羰基同时除去。在合成中，为了使最后一步肽缩合的两个反应肽片段具有比较匀称的分子形态，并利用已知的二肽 N–苄氧羰基 –S–苄基半胱氨酰 –S–苄基半胱氨酸与 N–苄氧羰基丙氨酰－丝氨酸甲酯，实验采取先合成四肽和三肽从而再合成七肽的路径。

> 这个路径是汪先生设计出来的，我们只不过试实验的条件。这个中间有的还蛮复杂的，因为它旁边都有一个基团，有几个氨基酸旁边有 OH，比如说醋酸根保护基有的时候会从氧上移到氮上面去，所以最后要拿到设想中的七肽还是不容易的。[3]

七肽的合成工作结束后，陆熙炎又参与到十二肽和十六肽的合成工作。半年之后，他返回萃取剂研究小组。尽管只在胰岛素研究小组工作了

---

[1] D144-00363-008，存于中国科学院上海有机化学研究所档案室。

[2] D144-00363-003，D144-00361-002，存于中国科学院上海有机化学研究所档案室。其中列出名字的有 78 人，档案上显示"其他尚有一些同志也参加此项工作"。

[3] 陆熙炎访谈，2015 年 2 月 10 日，上海。资料存于采集工程数据库。

半年，但陆熙炎仍然深切地感受到汪猷对科学研究的严谨态度。汪猷每天晚上都会召开工作会议，让负责不同研究途径的人员进行交流，并在讨论工作时从实际出发，提出多种方案。

> 每天晚上开工作会议到九点多钟，我们再散掉。那个时候我住在愚园路，每天晚上乘公共汽车回去，清早再赶来。我记得会后是坐末班车回去，末班车一般都是夜里11—12点钟。会上大家汇报工作怎么样、得到一个什么东西，有的人不能解释，汪先生就把他对这个问题的看法和理解与大家交流并讨论下一步工作。这样，不仅知道自己做的工作，还知道其他人的工作。①

最令陆熙炎印象深刻的是汪猷要求研究人员必须对胰岛素合成中的每个片段进行元素分析。对于鉴定方法，当时有的研究人员持有不同的观点。②

> 他（汪猷）当时争论得很厉害，那次争论我也参加了，在上海的科学会堂。汪先生认为元素分析对的不一定对、不对的一定不对，这句话到现在为止我们认为还是非常重要的一句话。仔细想想，里面的意义是很深刻的。假如你做出来很多东西，元素分析都对的，但它可能是异构体，有一个立体化学问题，不一定对的。所以用一种检测方法做出来的结果是不可信的……如果说汪先生对我们的研究起什么影响，我觉得在这种问题上，我们应该是学到了一些东西。③

经过六年九个月的科研大协作，1965年9月17日，中国科学院生物化学研究所、有机化学研究所与北京大学化学系等单位联合组成的科研队

---

① 陆熙炎访谈，2015年2月5日，上海。资料存于采集工程数据库。
② 戴立信，丁奎岭，朱晶：从合成结晶牛胰岛素到合成我们的未来.《生命科学》，2015年第6期，第676-680页。
③ 陆熙炎访谈，2015年2月10日，上海。资料存于采集工程数据库。

图 4-3　纪念人工合成结晶牛胰岛素 50 周年邮票发行（摄于 2015 年，右一为陆熙炎）

伍在世界上第一次用人工方法合成了一种具有生物活性的蛋白质——结晶牛胰岛素[1]，其中有五批人工合成的产物经过提纯后获得结晶，其结晶形状、生物活性均与天然牛胰岛素结晶相同。虽然美国、联邦德国在当时也曾报道过他们获得类似胰岛素的产物，但是他们的产物活性很低且未获得结晶。

　　人工全合成结晶牛胰岛素这项成果的取得，让国际科学界对中国刮目相看。牛胰岛素人工合成的消息甚至在英国电视的"黄金时间"播出，上百万人观看了这条新闻。[2]

---

[1] 新华社：我国在世界上第一次人工合成结晶胰岛素.《人民日报》，1966 年 12 月 24 日.
[2] 邹承鲁：对人工合成结晶牛胰岛素的回忆.《光明日报》，1998 年 1 月 30 日.

第五章
半靠边时期的工作

20世纪50年代中期到70年代末的中国处于一个特殊的历史时期,科学研究活动深受影响。在结束萃取剂的研究工作后,陆熙炎先是到《化学学报》担任编辑,后参与防霉剂和含氟材料的研制。在半靠边的日子里,这些工作虽然重要,但都不是持续的。

《化学学报》的编辑工作

《化学学报》的前身是《中国化学会会志》。1932年中国化学会在南京成立后,翌年创刊了《中国化学会会志》(*Journal of the Chinese Chemical Society*)并在北平出版,刊登以英文、法文和德文发表的中国学者的化学研究成果。1952年,《中国化学会会志》改名为《化学学报》(*Acta Chimica Sinica*),继续由中国化学会主办,并从外文版改成中文版,先后由张青莲、梁树权担任主编。1965年,《化学学报》由中国科学院上海有机化学研究所承办,学报编辑室设于有机所,汪猷担任主编,陈玉凤和陆熙炎任编辑。其中,黄维垣的夫人陈玉凤负责英文部分和稿件的收发,陆熙炎负责稿件的审稿联络以及审稿意见的汇总,汪猷负责所有稿件的修改等工作。

我们三个人中，汪先生做主要的工作。陈玉凤的英文很好，她在学校是教英文的。当时汪先生不可能管很多事情，因此所有的稿子交来后就发出去审稿，交给哪个人审由我来分配，因为陈玉凤不了解化学内容。稿件分好送审以后，待审稿意见回来，我把意见初步汇总好给汪先生看，他同意后再送去修改，最后汪先生同意了才会正式接收。①

虽然没有十分明确的分工，但是学报的工作还是很多、很繁琐。陆熙炎每天早上到所里的第一件事就是跟汪猷讨论稿件。作者投来的稿件由谁来审查，一般会列有一个名单，物理化学领域的、有机化学领域的都有一些专家负责审稿；如果不能确定审稿人，陆熙炎会询问汪猷的意见。如果返回的审稿意见有矛盾，陆熙炎也会和汪猷讨论。

汪猷对稿件的要求很严格，投入了大量时间到《化学学报》，每天晚上靠着窗边的桌子仔细审读《化学学报》的稿件。汪猷事必躬亲，认真对待每一篇文章，这种严格的态度深深影响了陆熙炎。他至今还记得在修改来稿的英文摘要时：

这个摘要上有个字用得不对，我也不太懂，就从一本字典上找到一个我觉得适合的字替换。跟汪先生讲，他说你什么地方找到的，我说我这本字典，他一看很好，就说"我也要去买一本"。他就是这样的态度——在学习，他没有把自己看得很了不起。②

由于汪猷和陆熙炎的不懈努力，《化学学报》由季刊变成了双月刊，最后变成月刊。每一期的稿件有二三十篇之多，仅仅靠汪猷、陆熙炎和陈玉凤三个人，工作量相当大。尽管如此，陆熙炎感觉依然收获良多。他认识

---

① 陆熙炎访谈，2015年2月10日，上海。资料存于采集工程数据库。
② 同①。

到一旦做一件事情，就要做好，认认真真做，"你不好好做，就挂个名不行。"另外，他还会细细体会汪猷对稿件的细节处理，并从中积累经验。

  汪先生改的时候，他不是有意地教你这个东西要怎么样。他看见一个东西改了，改了以后，这个要我自己去体会为什么要这样改，时间长了当然有一些体会，特别是英文的修改方面，如为什么要用这个词、不用另外一个词。①

  《化学学报》作为当时中国唯一的一份化学类学术刊物，在促进国内学者的交流方面发挥了重要作用。当时国内学者要将文章投往国外非常困难，需要公安部门的相关审查，非常烦琐。遗憾的是，《化学学报》于1966年被迫停刊，陆熙炎的编辑工作也因此停止。

半靠边与自学

  有机所三室主任徐维铧负责有机锡化学研究，该研究与国防工业密切相关，当时的工作主要是合成具有不同基团的有机锡化合物，再筛选出有机锡用作舰艇船底防污和防霉等，以防止微生物附着船体、影响船的运行。1965年12月，四清运动期间，徐维铧到乡下参加运动，有机锡研究室没有人负责，于是1966年1月，陆熙炎奉调入三室工作，代管实验室的五个人。

  有机锡化合物有毒，可通过呼吸道、消化道和皮肤黏膜进入机体，造成机体一系列肝胆系统、神经系统损害。陆熙炎还清晰地记得：

  当时实验室有一个人，自己不小心将有机锡的分液漏斗插在一个瓶子里，结果瓶子倒了，他就用抹布去擦，旁边一个人也帮他去擦，

---

① 陆熙炎访谈，2015年2月10日，上海。资料存于采集工程数据库。

第二天这个人就死了。实验厂里也出了一件事情。实验厂大的提取工程是两个分开的层,假定要上面的产物,就需要把下面的放掉。一个工人好心,看下面放出的都是有机相的东西,就用勺子把有机相的东西捞出去,想挽救一点东西,结果第二天死了。所以说,做有机锡的研究很危险。当时做这个东西,是因为它有一定的防霉、杀虫作用。①

1966年6月,"文化大革命"开始,政治领域的事件开始影响到科研领域。有机所的许多研究工作陷入停滞状态。1967年1月,陆熙炎工作被停止,处于半靠边的状态。按照规定,陆熙炎不能参加会议,"因为我不是领导,没有安排做打扫厕所之类的劳动,我被安排在房间里,他们在开会,我在看毛选。"陆熙炎没有像戴立信等被关到地下室,而是被关在实验室,晚上和汪猷一起睡在办公室地上,也不让回家,"那个时候的名字叫半靠边。"

后来有机所第三研究室里有年轻人接受了一项军工任务——研制如何防止望远镜长霉,于是1969—1973年,陆熙炎在半靠边的情况下与三室人员一起参与完成了光学仪器防霉剂SF-501的工作。

我们筛选哪些化学品可以杀死霉菌,之后想办法把这个药放到望远镜里,看是否能够防霉。这个东西还是蛮好的,在西双版纳十年没有长霉。这项工作我主要是提供咨询,我在旁边,遇到问题了他们来问我,我就讲一下,也没有正式参加。②

陆熙炎虽然半靠边,但是同事之间关系依然很友好,他实际上是以"顾问"的身份加入这项工作的。他们一起筛选了许多化合物,一个一个地将筛选出来的化合物放入防霉对象中,观察是否能够杀灭霉菌。后来又在能杀灭霉菌的化合物里挑选有一定挥发性的化合物,代号573,这种防霉剂

---

① 陆熙炎访谈,2015年2月10日,上海。资料存于采集工程数据库。
② 同①。

的主要成分是硝基化合物。通过在望远镜旁边挖孔，把这个化合物放到里面，孔上用镂空的薄膜覆盖，让蒸汽慢慢挥发出来，霉菌就不会生长在镜片上了。这项工作在1983年获得国家创造发明奖二等奖。

含氟材料的研制

这一时期正逢国家发展"两弹一星"事业，需要不断增加有机氟材料的品种。科研领域，有机所的黄维垣等人，探索多种氟化反应和聚合反应的方法，完善测试条件；蒋锡夔从中国科学院化学研究所调往有机所，从事氟化学研究工作。1974年，在奉贤五七干校劳动锻炼半年后，陆熙炎被分配到蒋锡夔的研究小组。不过，陆熙炎完全是以参加劳动的方式参与到氟化学的研究工作。

> 我被分到田遇霖那里，他是做高分子材料的，那个时候做四氟乙烯。因为当时分离铀-235、铀-238，需要膜，需要含氟的材料。做四氟乙烯以后要聚合，这个任务当时也在有机所。当时就做聚合，条件非常艰苦，实验工厂连高压釜都没有，把四氟乙烯灌进一个钢瓶里，再把这个钢瓶封起来加热，这就算是高压釜了。[①]

陆熙炎被安排去做具体的分析工作，和他一起的还有吴承九等，吴承九负责用红外分析仪分析、鉴定产物。他们每天到鸿源化工厂去，有时候晚上会加班，第二天早上再回到市区。"化工厂很远，过了江还要走一段路，没有公交车，我们叫人力脚踏车送过去，脚踏车主在前面骑，我们就坐在后面。蒋锡夔先生也每天到厂里面去。"

在半靠边的这段时间，除了按照要求参加劳动，陆熙炎还坚持自学外

---

① 陆熙炎访谈，2015年2月10日，上海。资料存于采集工程数据库。

图5-1 陆熙炎在五七干校劳动（摄于1974年，左二起：傅丽英、陆熙炎、汤如溶、严金英）

语、坚持看文献。

  70年代，他真正做研究的时间很少，但是我印象最深刻的是他在家自学外语。当初我们家里是5个人住在一个房间里，奶奶、父母亲、我和弟弟5个人，房间很小，大概26平方米，一套房子有两个人家住，很拥挤。他每天回来总是坐在桌上、拿一杯水、读文献。日文、俄文、德文、英文，这些文献都读，而且都是自学。他爱看书，同时有钻研的精神，做东西非常仔细，也非常严格，在这方面我非常佩服他。①

---

① 陆海原访谈，2015年2月10日，上海。资料存于采集工程数据库。

第六章
从固氮酶到接触金属有机化学

1976 年,陆熙炎参加了卢嘉锡、唐敖庆和蔡启瑞牵头的全国化学模拟生物固氮工作,在这期间,他最早接触到钼的化学。"文化大革命"结束后,陆熙炎开始积极探索化学领域新的研究方向。1979 年,他的工作从化学模拟生物固氮延伸到钼的化学。

化学模拟固氮酶

固氮酶是固氮微生物在常温常压下固氮成氨的催化剂。20 世纪 60 年代,国际上发现了固氮酶。由于固氮酶活性中心的结构探秘和化学模拟,有望使生命科学领域取得重大突破,因此引起各国科学家的广泛重视,[①]化学模拟生物固氮迅速成为前沿课题。

目前,我们都知道大豆中的根瘤菌能够将空气中的氮气转变成氨。氮元素既是核酸、氨基酸、蛋白质等维持生命活动的必需元素,又是医药产品、化学纤维以及肥料中不可或缺的重要元素之一。虽然大气中含有约 80% 氮气,但是人类和动植物都不能从氮气中直接获取氮元素。生物体在消化吸收氮元素前,需通过各种方法使氮元素变成含氮的化合物(如存在

[①] 赵匡华:《中国化学史(近现代卷)》。南宁:广西教育出版社,2003 年,第 526 页。

于自然界氮循环中的氨、铵离子、亚硝酸根、硝酸根等），待吸收这些氮化合物后再将它合成为生存、成长与繁衍所需的其他含氮化合物。这些不可或缺的氮元素大部分是氮气和氢气在铁催化剂的作用下，通过人工合成得到氨来供给的。但是从氮气出发合成氨，需要高温高压等严苛的条件，用铁做催化剂，这是合成氨的工业化方法——哈勃法。如果能够通过化学方法模拟生物固氮，那么氨的生产就会变得更加简捷。因此，开展化学模拟生物固氮酶功能研究，实现在温和条件下催化氮气转化成氨，对维持人类社会可持续发展意义重大，至今仍是化学科学研究领域最具挑战性的课题之一。

国际上在20世纪70年代分离得到了固氮酶，但是并不清楚其具体结构，仅知道有三个铁、一个钼。于是，卢嘉锡、唐敖庆、蔡启瑞联合起来推进化学模拟生物固氮项目研究，这在世界范围内都是开拓性的。化学模拟生物固氮是一个很大的研究项目，许多地方的人都参与进来，包括南京大学、吉林大学、厦门大学等，陆熙炎作为有机所的唯一代表也加入到这项研究。至于为什么会让他参加化学模拟生物固氮，陆熙炎推测：

> 我1965年从萃取剂研究小组调到有机锡研究室，因为有机锡是金属有机，所以把我看作是研究金属有机的人员，叫我去做这个项目。另外，可能当时也没有人能够加入，其他人都有任务在做。[①]

当时，他们猜测氮跟三个铁、一个钼配位，配位以还原成氨。卢嘉锡等设想先做分子氮络合物，研究它怎么络合。这种方法实际上并不是直接还原氮，而是氮气的活化，目的是形成分子氮络合物。课题组成员经常聚集在厦门、北京等地开会讨论问题，有机所也请卢嘉锡和唐敖庆及美国学者来所介绍工作和讲学。

当时，卢嘉锡邀请三位美国固氮专家来所，借助有机所这个地方

---

① 陆熙炎访谈，2015年2月10日，上海。资料存于采集工程数据库。

开过一次会,讲了一些他们已经做的工作,听报告的人也是被邀请的。有机所还邀请唐敖庆先生和江元生两位来讲学,专门讲分子轨道,讲了一个月到两个月。因为当时分子轨道、前线轨道这些都是非常新的东西,我们也不懂。[1]

陆熙炎认为,通过这种交流讨论,参加固氮酶工作的研究人员进一步夯实了基础。卢嘉锡做结构化学,蔡启瑞做催化化学,他们构想出好几个固氮酶的模型,然后设计实验检验它们。其中,卢嘉锡提出了 $MoFe_3S_3$ 原子簇的网兜结构模型,蔡启瑞等提出了铁钼辅基的多核原子簇结构模型。卢嘉锡和唐敖庆等掌握了催化原理和结构化学,能够从配位原理上去设计,但是在合成方面的研究稍微弱一点,所以要有机所来做。

唐敖庆主要负责计算,"他算哪一个配体比较好,算出后公布给大家,大家就晓得用什么了。"陆熙炎主要负责合成钼的络合物。合成钼和铁的分子簇非常困难,他们从单个络合物着手。国际上也是如此,先做钼的络合物,也有研究小组先做铁的络合物。在做钼的络合物时,陆熙炎等考虑到要结合自己以往的工作,用钼的络合物来试验,看能不能起反应。陆熙炎等先分析国外做的络合物,然后改变配体合成新的络合物。他们尝试不同的配体,最后做成功了几个不同的络合物,而有多少个新的络合物,就会有多少种新的不同的性质。配体不同,活化氮的能力也不一样。

在做了3个钼分子氮的络合物后,当时已有的报道认为这类络合物比较稳定,陆熙炎开始尝试分析它们的还原性能,并分析钼的络合物能不能起其他的化学反应。沿着这条思路,他们发现了钼的脱氧反应。

> 这些尝试是在做固氮酶的工作之后,还没完全脱离固氮酶。我们小组一方面做一点固氮酶工作,因为那个时候也有一点经费;另一方面,我们也想有发展,想研究这个钼的络合物有什么其他的化学性质。[2]

---

[1] 陆熙炎访谈,2015年2月10日,上海。资料存于采集工程数据库。

[2] 同[1]。

1978年，随着大课题的结束，化学模拟生物固氮工作也告一段落，陆熙炎不再参加。不过，他从这项工作中学到了不少。

从我本人来讲，参加这样一个大的课题，确实学到了不少东西。通过听报告，我学到了不少金属有机方面的知识。本来有一些知识我是有欠缺的，之前也没做过金属有机的催化反应，通过这个工作，看到了金属有机里面有好多催化反应的问题……另外，我觉得卢嘉锡、唐敖庆、蔡启瑞这三个大家能够合起来做一个大题目，在我们国内是不容易的……这段经历，对我很有益。①

值得一提的是，虽然世界范围的科学家们从20世纪70年代开始，历经40多年的持续研究，取得了一系列成果。但是，有关固氮酶活性机制还有一些悬而未决的问题，这被视为生物酶中的珠穆朗玛峰。近10年来，随着固氮酶铁钼辅基结构的日趋明晰以及合成氨工业面临节能降耗的重大需求，国际学术界又出现了仿生化学固氮研究的新热潮。

补习、上课与探索新方向

1976年，有机所的工作开始慢慢恢复。鉴于所内许多研究方向有十多年没能同国际研究团队深入接触，而研究人员在对新知识和进展的了解方面也存在缺口，有机所为研究人员举办了英文口语培训班，同时集中组织学习文献，并让黄维垣、陆熙炎等研究人员为研究生和初级、中级技术人员开设课程，试图尽快恢复研究工作。

那个时候所里有两大部分工作人员，一部分是大学毕业后，分到

---

① 陆熙炎访谈，2015年2月10日，上海。资料存于采集工程数据库。

有机所的人员；一部分人是1976年中学毕业分配过来的。在化学、外语方面都没有很好的基础。①

针对这部分技术人员和研究生，有机所开设了有机化学的基础课。陆熙炎负责物理有机课程，他用"受宠若惊"四个字来形容自己当时接到上课通知时的心情。因为陆熙炎当时还是副研究员，自己尚未有研究生学位，而当时开课的教师都是汪猷等前辈科学家。另外，陆熙炎自己对上课很感兴趣，通过上课他可以学到很多东西，能够把相关概念讲清楚也是一件不容易的事情。所以，他用这四个字贴切地表述了自己的喜悦。

除了给研究人员上课，有机所还组织学习英语口语。

> 那时候，大家的英文阅读还可以，但是口语不是很好，所里专门请人过来教口语。英语口语班的学生一般都是和我们差不多年龄的人员。②

有机所为恢复研究采取的第三个措施是组织研究人员一起学习有机化学领域的新知识，比如立体化学等。"文化大革命"结束后，有机所研究工作的原有结构发生了大改变，除了天然产物这个研究方向没有变，其他领域变化不少，而且其间因承担任务，真正的基础研究不多。比如汪猷负责的抗生素项目也没有继续做下去，他按照任务要求改做胰岛素合成，后来又转入核糖核酸领域，还承担了天花粉和代血浆的研究。另外，随着国防任务发展的氟化学、硼化学，虽然方向没变，但是具体的工作停顿了，出现了断层。为此，汪猷和黄维垣等和研究人员一起学习国外的新东西。所有研究人员每天早上8—9时花一个小时学基础知识。陆熙炎记得，当时搜集了国外的许多文献，分成许多不同的小组，一篇一篇地看，然后总结和讨论。

那个时候，我们写综述和介绍性的文章特别多，往往看到国外的总结就把它翻译了，有的是修正一点东西就总结了，没有所谓的原创性工作，所以

---

① 陆熙炎访谈，2015年3月16日，上海。资料存于采集工程数据库。
② 同①。

第六章　从固氮酶到接触金属有机化学

才需要看文献。

从 1976 年开始，除了和同事一起每天学习文献，陆熙炎还利用业余时间，通过文献关注国际上的新进展。他当时看得最多的是两份日文刊物，一本是现在已经停刊的《化学的领域》，另一本是《化学》。正是因为有机所创办期刊《有机化学》和《化学学报》，并将所办的刊物寄到日本，和日本的刊物进行交换，陆熙炎才有机会接触日文文献。加之《有机化学》这份刊物的编辑室就在陆熙炎办公室隔壁，他经常去编辑室聊天，从中了解一些有机化学领域的新情况。

通过大量的文献阅读、讨论和化学模拟固氮酶的相关工作，陆熙炎敏锐地意识到当时的大环境是化学和生物相结合，仿生化学是 20 世纪 70 年代才兴起的一门科学，科学界把生物体内的一系列反应逐渐研究透彻后，转而设想在生物体外利用模拟来实现体内反应。更重要的是，他发现模拟酶仿生化学和固氮有一定的关系，但是前者的范围比后者要大得多。为了弄清楚这个问题，陆熙炎研读了其他的研究资料，并对此进行了专门的讨论。随后，他连续撰写了 3 篇关于仿生化学方面的文章。其中，《谈谈仿生化学》介绍了模拟酶的催化反应、模拟生物膜的功能、模拟生物体内的偶联反应等，说明新兴的仿生化学在创造新反应、新工艺和新产品方面的可能用途；在《世界科学译刊》上发表了《化学革新的一条道路——二十一世纪是化学的时代》；《模拟酶——从合成化学角度谈仿生化学》介绍了模拟酶的两种途径，一种是利用酶的起活性中心作用的官能团来模拟，另一种是按酶的作用方式来模拟。

为了了解国际最前沿的研究方向，有机所研究人员通过学习文献先了解国际上的进展，再探索哪个方向比较好。1980 年，上海科学技术出版社出版了美国化学家布里斯罗 (R. Breslow) 等的著作《物理有机化学基础研究——有机化学与金属有机化学交界的区域》。这本书是黄鸣龙和黄耀曾组织学习的，他们对国外的进展了解比较多，便组织研究人员翻译，并带动大家一起学习，弄清楚其中的问题。陆熙炎和有机所的同事翻译了这本书，他自己负责其中的《立体化学》这一章。另外，他还根据霍夫曼（Roald Hoffman）与艾伯斯（James A. Ibers）在北京讲座的教材（Structure and Theoretical Organometallic and Inorganic Chemistry）翻译出《在无机化学和有机化学之间建立桥梁》。陆熙炎注意到，霍夫曼在提出分子轨道对称守恒理论之后，把兴趣转向金属有机化合物，在量子化学的基础上利用等瓣性类似的概念将金属有机络合物系统化。陆熙炎等选择的都是不同领域的权威人物撰写的综述性书籍或文献集，或是带有展望性质的书籍，并非专门的研究。他们由此一方面学习新的研究视角和知识，一方面将它翻译出来供其他研究者参考。正是在汪猷和黄维垣的带领下，有机所的研究人员抓住了物理化学、金属有机、立体化学、模拟酶等几个大方向。

> 这些工作当时不是我一个人在做，有机所很多人都在做。"文化大革命"刚刚结束不久，大家对未来的工作还不清楚。另外，实验室、图书馆很久没有开放了，大家都没有看过文献，所以把国外那些新的资料弄过来，一方面是让自己知道进展，另一方面也是给其他研究者普及一下。所以，在80年代初我们做了这些翻译工作。①

接触金属有机化学

20世纪70年代末，陆熙炎对仿生化学，特别是从有机合成角度研究新出现的仿生化学，表现出极大兴趣。但因没有前期研究基础，这方面工作开展起来非常困难。不过，对于他关注的另一个新领域——金属有机化学，则有可能展开研究，而这种可能性建立在通过频繁的国际交流获得的自信心。

20世纪50年代初，二茂铁被合成，现代金属有机化学宣告诞生，大量工作集中在过渡金属的研究方面。国际学术界先是合成了大量的过渡金属有机化合物，研究了它们的结构，继而研究了各种金属和碳、氢及其他

---

① 陆熙炎访谈，2015年3月20日，上海。资料存于采集工程数据库。

元素所成键的性质。不仅如此，金属有机化学在石油化工和聚合物工业中也有了广泛应用。

陆熙炎觉察到，这是一个新的领域。值得一提的是，"金属有机化学"这个名称的中文翻译有它特定的来源。陆熙炎最开始引介这个领域时，使用的名称是"有机金属化学"，因为其原英文名为 Organometallic Chemistry，日文中用的也是"有机金属化学"。后来，黄耀曾决定使用"金属有机化学"一名。为什么呢？当时，钱人元在研究有导电性质的有机高分子时发现了一种不含金属但能导电的有机高分子，当时普遍认为导电的物质都是有金属性的，所以钱人元将这种高分子化合物起名叫"有机的金属"，实际上是能够导电的有机化合物。"所以黄耀曾先生讲，我们不要跟它重复，以免混淆，我们叫金属有机。"[①] 虽然英文、德文和日文将 Organometallic Chemistry 都叫做有机金属，但是俄文里用的是金属有机，也算是找到了命名依据。所以，金属有机和有机金属是一回事情，只是为了与钱人元的"有机的金属"相区别才使用"金属有机"。

1978年，陆熙炎开始关注金属有机化学，但他真正深刻了解金属有机化学得益于1980年的两次国际交流，第一次是1980年3月接待日本化学家向山光昭；第二次是参加中、日、美三国金属有机化学会议。

向山光昭是有机化学领域的重要人物，他提出在醇醛缩合反应中使用硅醚形式稳定烯醇的方法，在四氯化钛等路易斯酸介导下，羰基化合物形成的烯醇硅醚与醛、酮的醇醛缩合反应，产物为 β-羟基醛、酮，该发现为醇醛缩合反应研究揭开了新的一页，被称为向山醇醛缩合反应。向山光昭创造的好几个反应都是很基本的。向山光昭到访有机所一共作了六次"新有机合成反应的研究"报告。由于国内学者看日文文献不多，所以向山光昭讲座后，陆熙炎都将这些报告翻译、整理出来发表在《有机化学》上。

向山光昭是日本合成领域一个了不起的人，他的学生光是正教授就有30多位，所以他另外有一个称号叫 King of Organic Synthesis in Japan——日

---

① 陆熙炎访谈，2015年3月16日，上海。资料存于采集工程数据库。

图 6-1　1980 年向山光昭来访（左为陆熙炎）

本有机化学的皇帝。[①]

陆熙炎一直很敬佩向山光昭，不仅因为他在有机合成领域的出色研究，还因为他对日本化学研究发挥的巨大推动作用。日本有个期刊叫 Chemistry Letters，由向山光昭创办。创刊以后，向山光昭就将自己的稿件全部投给 Chemistry Letters，没有再在其他国家的杂志上投过稿，有时候一期有五六篇文章。Chemistry Letters 这份刊物影响力不小，美国人把这份刊物称作 Mukaiyama's Letters，由此也可看出向山光昭对日本化学研究发展的重视。

向山光昭在有机所作的六次报告的题目为"新有机合成反应的研究"，都是介绍他在这些领域的新发现。通过听报告，陆熙炎学到很多东西。

---

① 陆熙炎访谈，2015 年 3 月 16 日，上海。资料存于采集工程数据库。

第六章　从固氮酶到接触金属有机化学

> 他（向山光昭）对我的影响，不仅是一个转变，更是对我在思想方法等方面帮助。科学就是这样，不能只停留在成果产业化、工业化这个方面，而是应该在怎么思考、怎么做研究这个方面下大力气，所以就我本人来讲觉得学到了很多东西。①

中、日、美三国金属有机化学会议的召开，是陆熙炎接触金属有机化学的第二次良机。虽然有机所在1978年就接待过美国派出的第一个化学家代表团，1980年还召开了中美天然产物化学讨论会，但这两次国际交流一次是国家层面的，一次是天然产物方面的。而中、日、美三国金属有机化学会议的召开既得益于学者个人的努力，也和中国在金属有机化学方面做出相关工作密不可分。一方面，"文化大革命"期间，日本学者石井义郎（Yoshio Ishii）与另一位美籍日本学者筒井稔（Minoro Tsutsui）十分关心中国金属有机化学研究者和日本、美国同行交流的进展。筒井稔曾主动到中国驻日使馆联系，并通过大河原六郎的学生江英彦倡议召开中、日、美三国金属有机化学讨论会。后因"文化大革命"，该倡议遭到搁浅。"文化大革命"结束后，江英彦才开始与化学界人士接触，直至1978年中国化学会在上海举行年会之际，筒井和石井的倡议才被正式接受。这是学者方面的努力。

另一方面，当时中国在金属有机化学领域开展了一系列相关工作。首先，在有机砷方面，黄耀曾从20世纪50年代起，结合农业药剂，开展了有机砷和有机汞的研究工作，并在有机砷的研究中发现了某些反应中砷叶立德试剂比磷叶立德反应活性强，还合成了不同类型的化合物。其次，在有机锡方面，徐维铧合成了一系列烷基及芳基锡和它们的衍生物，并开展了结构与生物活性的研究。

正是因为这些前期工作，促成了1980年中、日、美三国金属有机化学会议的召开，而这次会议的召开不仅标志着中国有机化学家进入广泛的国际学术交流舞台②，还带动了中国现代金属有机化学研究的发展。1980年6月10—13日，中、日、美三国金属有机化学学术讨论会在北京科学会

---

① 陆熙炎访谈，2015年3月16日，上海。资料存于采集工程数据库。
② 朱晶，黄智静：《虚怀若谷：黄维垣传》。上海：上海交通大学出版社，2015年，第179页。

堂举行，近百名中外科学家参会，其中美国科学家 19 位、日本科学家 15 位。① 陆熙炎参加了这次会议，"这对中国有机金属的发展是非常重要的，要不然，我们这些人都没有办法接触到国外的情况。"②

---

① 钱长涛：中、日、美金属有机化学学术讨论会在京举行。《化学通报》，1980 年第 10 期，第 58−59 页。

② 同①。

第七章
转入金属有机化学新领域

1979—1983年,陆熙炎通过国际交流,不仅重新理解了现代金属有机化学研究的目标,还研究将钼的络合物用于脱氧和催化氢转移反应及对三苯氧肼还原为三苯肼的新方法。他研究发现,低价金属和杂原子酸烯丙酯的氧化加成反应的结果视所用的杂原子的不同而异,或发生重排反应,或发生消除反应,或发生中性条件下的亲核取代反应。

从钼的化学到金属有机化学

1979年,陆熙炎因为在固氮酶的研究工作中接触到钼的化学,开始做钼的络合物研究。考虑到钼-半胱氨酸体系是固氮酶模拟物中研究得最深入的体系之一,特别是钼的半胱氨酸配体。所以,他开始用半胱氨酸的配体来做,并选择不同的配比研究其结构与性能。陆熙炎注意到,这一配位结构中与钼相连接的配位基团必须带有-SH基才有活性,但是关于桥连原子对活性的影响尚未见报道。所以,他和林英瑞、何子鑫、胡光明等合成不同桥连原子的钼-半胱氨酸络合物,并用纤维粉层析、凝胶层析、纸层析等方法进行分离纯化和鉴定,分析它们对乙炔催化还原活性的影响,并探讨了络合物的稳定性对乙炔催化还原活性差异的影响。①

陆熙炎还注意到，分子氮络合物的研究在 20 世纪 70 年代末是一个极为活跃的领域，国际学者于 1975 年在室温下成功地将分子氮络合物中的氮分子加上质子转变成氨，证明了配位于过渡金属的氮分子的确能被活化并结合质子而生成氨。在这个过程中，所用的两个单膦配位体都具有推电子性的甲基，但是配体的电子效应是否起作用尚未得到研究。于是，他们考虑从钼分子氮络合物出发，研究分子氮络合物的结构与性能。他们首先合成了既含有推电子的乙基又含有螯合型双膦配位的三个钼分子氮络合物，考察其加质子的反应性能。② 在研究过程中，陆熙炎等发现这三个钼分子氮络合物的制备方法类似，不免互相混杂，不易得到纯品，为此对这三个化合物的合成方法进行改良，并摸索出用纸层析和柱层析来分离、鉴定这三个化合物的方法。另外，考虑到钼的络合物的纯度对于固氮酶模拟物的研究极为重要，这其中涉及的又往往是金属价态的变化，很难用普通方法测定；加上制备这类络合物的方法类似，彼此混杂，也很难用一般方法鉴别。为此，陆熙炎和黄赛棠发展出用 X 光电子能谱对钼的络合物进行研究的方法。③ 1980 年，在大连举办的第一次全国金属有机化学学术讨论会上，陆熙炎对钼的络合物的分离和鉴定等研究工作做了报告。此后，在研究钼的化学的过程中，陆熙炎还和陶晓春发现含有三取代磷（膦）的化合物在配位催化及有机合成中应用非常广泛，鉴定反应过程中的三取代磷（膦）很重要；还发现利用钼配合物作为显色剂，能迅速简单地鉴定三取代磷（膦），从而用作薄层层析或纸层析的显色剂或者点滴试验的试剂。④

最重要的是陆熙炎在做钼的化学的时候，发现了氧转移反应。

---

① 林英瑞，何子鑑，胡光明，等：不同桥连原子的半胱氨酸钼络合物对乙炔催化还原活性的研究.《科学通报》，1981 年第 11 期，第 666–669 页。

② 陈家碧，雷桂馨，陆熙炎：双（1-二乙膦基-2-二苯膦基乙烷）双（分子氮）钼（0）[Mo(N$_2$)$_2$(Et$_2$PCH$_2$PPh$_2$)$_2$] 的合成.《科学通报》，1980 年第 14 期，第 635–637 页。

③ 黄赛棠，陆熙炎：一些钼络合物的 X 光电子能谱.《有机化学》，1983 年第 1 期，第 37–38 页。

④ 陶晓春，陆熙炎：一个灵敏的三取代磷（膦）化合物的显色剂.《化学试剂》，1985 年第 4 期，第 225–226 页。

钼有四价和六价，假定四价钼有一个氧、六价钼里有两个氧，我们就想这个四价钼能不能把氧吸一下呢？的确有这样的可能性。把一个氧拉过来以后，变成六价钼，就这样子一个氧拉到钼上面去。这个要当量的，我要多少钼来拉多少氧。①

在该设想获得证实后，陆熙炎又开始思考，有没有东西把钼里的氧再拉出来变成四价钼这一问题。由于陆熙炎在核燃料萃取剂研究小组时做过含磷的萃取剂的相关研究，所以他想到用磷来做。由于磷和氧的结合很容易，因此把磷加进去，真的从六价钼中把氧拉出来，进而变成四价钼，这是一种原位生成低价钼的新的合成反应。这说明，在脱氧反应中，可以不需要钼，用磷就可以将氧拉过来，而且用一个氮的氧化物和三价磷也能够把氧拉过来。遵循这种想法，陆熙炎做了一系列的对比试验，"发现磷拉氧是最厉害的，砷、氮、硫这些跟氧结合弱一点。"② 按照这种想法，陆熙炎等提出了用亚磷酸三苯酯或连二亚硫酸钠使氧化三苯胂还原为三苯胂的两个新方法，这种方法简便、反应条件温和、得率高，具有实用价值。而且，他们还探讨了以钼的配合物作为催化剂，对三苯膦和亚磷酸三苯酯脱氧活性的影响及反应机理。

陆熙炎发现的氧转移反应对于有机化学反应而言意义重大，证明了可以通过简便的方法、温和的条件和易获取的原料生成具有一定使用价值的含有杂原子的化合物。利用这种合成方法，可以开启一个新的领域，这是其他人没有发现过的。不仅如此，陆熙炎发现的将三苯氧胂还原为三苯胂的新方法还被黄耀曾用于砷叶立德的催化反应，成为国际上第一个催化的砷叶立德的关键方法。黄耀曾研究催化的 Wittig 反应，开始用的是砷，在 Wittig 反应中砷变成氧砷，所使用的砷是当量的。后来他借鉴陆熙炎发现的氧转移反应，加了一个磷进去，砷就只需要催化量的了。因为砷有毒、磷也还是当量的，这样反应变得温和了，大大提高了反应的安全性，为三苯氧胂还原为三苯胂提供了新方法。

① 陆熙炎访谈，2015 年 3 月 16 日，上海。资料存于采集工程数据库。
② 陆熙炎访谈，2015 年 3 月 20 日，上海。资料存于采集工程数据库。

顺着这一思路，陆熙炎开始研究不需要钼的脱氧反应，而且在做钼的化学过程中，陆熙炎通过看文献了解到金属有机化学中使用的其他元素比钼还要用得多。"我们考虑进一步发展氧转移相关反应，这与后来到山本明夫、卡刚那里都有一定的关系，是一步步发展过来的。"①

到山本明夫实验室，勤奋得像个博士生

"1981年年底的日本访问对我今后工作是最有影响的。"陆熙炎多次通过口头讲述和文字记述表达了他在日本山本明夫实验室访问这段经历的重要性。虽然只有短短两个月，但山本明夫向陆熙炎介绍了金属有机化合物的基元反应，"引导我进入这一当时崭新的领域，使我有机会在这一领域开展工作达30年之久。"②

由于年龄的关系，陆熙炎无缘获得国家公派出国进修的机会。不过，在1980年北京召开的第一届中、日、美金属有机化学会议上，陆熙炎结识了日本学者山本明夫，后者主动邀请他到日本的实验室去交流。

当时，我们抱着学习的态度和国际同行打交道，这个跟国外同行的性格也有关系……我运气好，碰到的几个人如山本明夫等的确非常好。他主动提出来邀请我去他实验室进修一段时间。那个时候有60多万日元，我算了一下，足够待一两年。③

1981年10—11月，陆熙炎由日本学术振兴会资助，在日本东京工业大学资源化学有机所山本明夫实验室访问两个月。虽然是以访问学者的名

---

① 陆熙炎访谈，2015年3月20日，上海。资料存于采集工程数据库。
② 陆熙炎：八十年一瞬间。见：中国科学院上海有机化学研究所编，《陆熙炎院士八秩华诞志庆集》，2008年，第22页。内部印刷资料。
③ 陆熙炎访谈，2015年3月16日，上海。资料存于采集工程数据库。

图 7-1　1981 年 10 月，陆熙炎在日本东京工业大学资源化学研究所山本明夫实验室学习无氧操作

义出国进修，但实际上陆熙炎到了之后就直接进入实验室做实验，因为他想学习新东西。陆熙炎在山本明夫实验室的收获有两方面，一是熟悉了金属有机化学领域的基本操作特别是无氧操作，二是深刻地领会到山本明夫提出的四个基元反应及其重要性。

在山本明夫实验室，陆熙炎每天都去做实验。2000 年，山本明夫与陆熙炎共进晚餐时，谈起陆熙炎当年在实验室的情景，当时已经 54 岁的陆熙炎勤奋得像个博士生一样，几乎每天都是最早赶到、最后离开实验室，并十分虚心地向他本人及其课题组的学生学习。的确，陆熙炎在实验室主要做一些基本的操作和反应，抱着学习的态度通过实验发现不懂的操作和问题，然后主动请教，并用现有的实验仪器和试剂反复做，"不是研究新的东西，都是学习。"[1] 山本明夫还感叹陆熙炎能在那么短的独立工作时间内

---

[1]　钱伟长，白春礼：《20 世纪中国知名科学家学术成就概览》（化学卷，第三分册）。北京：科学出版社，2013 年，第 329 页。

图 7-2 1997 年,陆熙炎(左)和山本明夫(右)在日本

取得那么多令人激动的成果。①

当时,金属有机研究领域最重要的一个实验环节就是无氧操作,实验需要在氮气环境下进行。美国人采用的操作方式是手套箱,山本明夫的实验室并不是如此。他们在进行无氧操作时,将一系列的玻璃瓶和弯管套在一起,最上面的玻璃瓶上开几个侧口,通过弯管玻璃往下延伸到反应容器中。反应开始前,先用一根管子通氮气,接到最上面的玻璃瓶里。充氮气的过程也非常严格——在玻璃瓶口放置一个活塞,先将瓶内抽真空,然后关掉活塞,接着再通入氮气。让陆熙炎记忆犹新的是,山本明夫的实验室特别注意实验操作的严格,他们连活塞中间非常小的一段空间也要抽真空,不容许一丁点儿空气存在。

山本明夫是分子氮络合物的发现者之一。山本明夫这个发现就是利用无氧操作将氮气通进去(他没有用氩气,因为当时日本用不起氩气)。美国人做实验用的是氩气,恰恰因为这个原因,山本明夫发现了分子氮络合物。

美国人没有这个偶然的机会。我们往往讲科学研究时的必然性是

---

① 陆熙炎访谈,2015 年 7 月 25 日,上海。资料存于采集工程数据库。

通过偶然性表现出来的，山本明夫当时用氮气下操作得到了分子氮络合物，这就是偶然性。①②

除了无氧操作，陆熙炎还学习其他基本操作。访问期间恰逢山本明夫的实验室正在做双羰基化反应，这是他们一个助教发现的现象——当压力增加到10个大气压时，做钯的络合物反应。据此，山本明夫实验室制备了一系列带有叔膦配体的二烷基钯络合物，研究它们的反应，特别对这些络合物的还原消除、β-消除和羰基插入反应的机理进行研究，并在此基础上发现双羰基化反应。

关于这个反应，还有个故事。山本明夫研究镍的络合物，因为二氯化镍是最普通的试剂，卤代烷跟金属反应后可生成二烷基镍络合物，其中的两个烷基连接起来，碳碳键结合起来，而镍变成零价，这叫偶联反应。但山本明夫只做络合物的反应。当时日本京都大学的熊田诚（Kumada）设想零价镍如果回过来可以跟卤代烷反应，那么整个反应过程中镍就只要加催化量了，于是熊田诚用碘甲烷加格氏试剂让零价镍参与反应，实现了用镍作为催化剂的交叉偶联反应，这叫Kumada反应。遗憾的是，山本明夫没有发现，差了一步。

从这个反应出发，金属有机化学领域又用钯做了一系列研究，发展出Hiyama反应等，但这些反应都依据同一个原理。也就是说，山本明夫研究的都是最基础的问题，他将这些基本的反应叫做基元反应。

由于此前在上海已经结识了向山光昭，而向山光昭在有机化学领域颇有成就，加上陆熙炎原有的领域是有机合成，因此，在日本访问期间，陆熙炎还在向山光昭的实验室逗留了十天。在向山光昭的实验室里，陆熙炎学习新的层析方法、柱层析法。通过这次日本之行，陆熙炎发现原来使用

---

① 陆熙炎访谈，2015年3月20日，上海。资料存于采集工程数据库。
② 山本明夫（著），陈惠麟、陆熙炎（译）：《有机金属化学——基础与应用》。北京：科学出版社，1997年，第180页。

图 7-3　1981 年 12 月，陆熙炎（左）拜访野依良治

的方法很不严格，对两个日本实验室对待实验操作的严谨态度颇有体会。比如做普通的格氏反应时，他们会将格氏反应外面的冷凝管的出口处连接到一个没有氧气的东西里，干燥剂还要通到另外一个东西里面去，而一般的实验室可能最多加一个氯化钙管子就行了。不仅如此，向山光昭的实验室研究人员"做事情非常严格，他们有一个习惯，一个数据一定要重复做两次，而我们往往是一次，这也是他们出成果的原因之一。"

除了在上述两个实验室访问，陆熙炎还访问了日本其他学者，如 Tsuji、Hidai、野依良治、熊田诚、野崎一等。一路走来，陆熙炎感受到中国学者跟世界接触很少，国际交流亟待加强。

在山本明夫的实验室访问了两个月后，山本明夫劝陆熙炎留下来。由于日本学术振兴会的资助有 60 多万日元，而陆熙炎住的是山本明夫安排的学校客房，很便宜，在山本明夫实验室再待一两年也不成问题。于是，陆熙炎向科学院申请。遗憾的是，科学院回复应该按照要求，两个月期满后回国。不过这一次去，也长了不少见识。①

---

① 陆熙炎访谈，2015 年 7 月 25 日，上海。资料存于采集工程数据库。

第七章　转入金属有机化学新领域

图 7-4　1982 年，陆熙炎在第二次中日美金属有机讨论会上作报告

12 月从日本回来后，陆熙炎还接待了来访的 Y. Fujiwara，Fujiwara 是出生于中国大连的日本科学家。1982 年 6 月 14—18 日，陆熙炎参加在上海举办的第二届中日美三边金属有机讨论会并作报告。会后，陪山本明夫、大冢齐之助和山崎博史到成都有机所讲学并担任翻译，还邀请山本明夫到家中做客。

重新理解金属有机化学

如果说在山本明夫实验室访问的两个月把陆熙炎引入了金属有机化学这一在当时崭新的领域，那么 1983 年的法国之行以及参加 OMCOS-II 会议就让他领会到"导向有机合成的金属有机化学"这一名词的真实意义，使他进一步明确了金属有机化学的研究目的。

卡刚专门做不对称合成，而当时，不对称合成研究在世界刚刚兴起。卡刚以天然酒石酸为原料，成功合成了手性双膦配体 DIOP，拉开了不对称合成催化反应研究的序幕，并在不对称合成和镧系金属用于有机合成等方面做了大量工作。1982 年 10 月，卡刚访问中国时，陆熙炎

图 7-5　1983 年，陆熙炎在卡刚家中（左起：陆熙炎、Bugdanovich、卡刚夫妇）

图7-6　1983年，陆熙炎在D.H.R.Barton办公室（后排左二起：袁身刚、陆熙炎、H.Kagan、徐维铧）

刚好在 *Synthesis* 杂志上发表了一篇氧转移反应的文章。卡刚看到后非常欣赏，随即向陆熙炎发出邀请。

> 他说，"有机会的话，你愿不愿意到法国来访问，我们可以资助一名学者。"与日本通过学术振兴会资助的方式不同，法国是由实验室自己出钱，他就是给你一个机会。这的确对我也是一个机会，因为我的年龄已超过了留学要求，而我们所里好多人都出去了，我也希望能有机会出去学习。就是因为氧转移反应这方面的研究，我结识了他。①

在法期间，陆熙炎还访问了 D. H. R. Barton、R. Corriu、Y. Chavin、J. F. Nomant、P. H. Dixneuf、J. P. Genet 等学者，最重要的是参加了在法国第戎举办的 OMCOS-II 会议。通过这次会议，陆熙炎首次听到并理解 OMCOS 的意义，OMCOS 的全称是 Organometallic Chemistry directed

---

① 陆熙炎访谈，2015年3月20日，上海。资料存于采集工程数据库。

towards Organic Synthesis，即导向有机合成的金属有机化学。其中，Organometallic Chemistry 是主语，directed towards Organic Synthesis 是定语，所以 OMCOS 绝不是金属有机在有机合成中的应用，也不是常说的方法学。这对陆熙炎乃至整个中国金属有机化学领域后来的理解都非常重要。

> 这五个字（OMCOS）是那一句话的缩写。会议主席明确地讲，Organic Metallic Chemistry 是主语，directed toward Organic Synthesis 是定语。因此，做 OMCOS 应该以金属有机化学为主。这个问题就是后来我们所里头讨论的，我对这个问题很坚持。一直到最近，还是有人认为这个是做方法学。但我认为要先研究金属有机的规律，然后再发展出方法来，这才是 OMCOS，对这个问题的看法是非常重要的。[①]

OMCOS-II 会议的参加者来自 33 个国家和地区共 647 人，大会报告 20 篇，墙报 137 篇。这些大会报告和墙报反映了当时国际上金属有机化合物在有机合成中应用的最新动态。通过这次会议，细心的陆熙炎发现，金属有机化合物在有机合成中的应用已不再是过渡金属一统天下，主族元素有逐渐增加之趋势，其中钯的研究居首位、铁和镍次之，同时锡和铜的研究显著增加。此外，立体专一性合成是金属有机化合物在有机合成中应用的主攻方向；金属有机化合物在有机合成中的反应由简单趋向复杂，并由早期有机络合物的研究转入这些络合物在有机合成中的应用。

通过这次会议，陆熙炎开始彻底认识到现代金属有机化学的研究方向和意义，即现代金属有机化学研究的目标化合物是金属与有机基团通过金属与碳原子直接成键而形成的化合物，而非传统的金属络合物。金属络合物实际上仍是无机物，它与金属有机化合物不同，没有金属－碳键。金属有机有两大方向，一个是典型的金属有机化合物，即含有碳－金属键的由各种元素组成的化合物。比如徐维铧所做的锡和碳是具有防霉功效的有机金属化合物，只不过他所用的不是过渡金属，而是主族元素。另一个是现代意义上

---

① 陆熙炎访谈，2015 年 3 月 20 日，上海。资料存于采集工程数据库。

图 7-7　1983 年，陆熙炎在 Y.Chavin 办公室（左一为 Y.Chavin，右一为陆熙炎）

的金属有机，用的是过渡金属，"我们现在做的东西，催化剂都是过渡金属，一个是有空配位，一个是配位都饱和的主族元素，电子数目都不一样。"[1]

从这时开始，陆熙炎才真正转到金属有机化学领域。从最开始做化学模拟生物固氮接触钼的络合物，再到中日美三国金属有机化学会议的召开时对国际相关工作的了解，后来再到山本明夫实验室和卡刚实验室访问学习，到最后参加 OMCOS 第二次会议，这些因素和环节凑起来，一步一步促成了陆熙炎研究方向的彻底转变，并且确定下来金属有机化学是重点、导向有机合成是目标。

基元反应概念与讲授金属有机化学

在山本明夫处访问，陆熙炎学到的最多的是山本明夫研究金属有机化

---

[1]　陆熙炎访谈，2015 年 3 月 20 日，上海。资料存于采集工程数据库。

学的独特思想——从基元反应出发。山本明夫将金属有机化学领域的反应总结为四个基元反应，即碳-金属键发生的四个基本反应。

基元反应这一名字是陆熙炎从山本明夫所用的 elementary reaction 翻译过来的，中文并没有这个术语。为此，陆熙炎对基元反应做了具体的解释。第一个反应是配体的配位和解离。一个稳定的能分离鉴定的过渡金属有机络合物往往是配位饱和的，但当它发生反应时，必须先有配位体解离，生成配位不饱和的过渡金属络合物，这一配位不饱和的络合物和反应底物发生配位，双键能够配位起来。第二个反应是氧化加成和还原消除。假定 X-Y 是一根键，低价金属与这个化学键发生反应，就可以加一个金属，使化学键两边的原子同时与这一金属相连，变成 X-M-Y，这个进入就是一种氧化，所以叫做氧化加成。另外一个概念叫还原消除，就是反过来，有一根键可以进入还原，在 A 和 B 之间形成一条化学键，连接起来还原消除，这还属于第二个反应。第三个反应是 β-消除和插入。假定有一根碳金属键 M-R，再有一个烯烃，烯烃就会插进去变成 M-C-C-R，烯烃插到 MR 中间去，MR 就断开了；另外一个反应是 M 可以把碳拉过来，包括其他元素也可以，有一个氢也可以拉过来，就是一个 β 氢消除，或者是 β 杂原子消除，消除之后一边成为一个双键，另一边成为一个 M 和 C 或者是 O 或 H 相连，即插入反应和消除反应。第四个反应是跟配体的反应。金属上有了一个配体以后，别的元素可以跟它反应。陆熙炎的学生张兆国多次赞叹陆熙炎在山本明夫实验室访问时的勤奋以及对基元反应理解的深刻。

>陆先生出国的时候 50 多岁了，在日本，他天天像小学生一样早去晚走。山本明夫应该比他还年轻，对他印象非常好。他就是恨不得一天学两天的东西……两个月的时间就把这个东西掌握得差不多了，这也得益于他跟山本明夫学了基元反应，也就是为什么他把这个基元反应一个劲地教给大家的原因。因为基础有了，后面的领悟能力就会上来；如果没有基础，后面的那些东西是不行的。[①]

[①] 张兆国访谈，2015 年 7 月 25 日，上海。资料存于采集工程数据库。

陆熙炎对这四个基元反应非常感兴趣，为此还专门编写了教材，给研究生开设金属有机化学课程，而且一上就是20多年，直到学生麻生明从国外回来，陆熙炎才将这门课程交给麻生明讲授。陆熙炎不仅给有机所的研究生讲授金属有机化学，还受邀到其他高校和研究机构去讲课。在山西太原大学教师有机化学讲习班上，陆熙炎遇到了北京大学的关烨娣，在交流了正在研究和讲授的金属有机化学之后，关烨娣对金属有机化学产生了浓厚兴趣，陆熙炎将自己讲课的讲义交给关烨娣。后来，关烨娣开始在北大开设金属有机化学课程。1999年，从日本北海道大学结束博士后研究工作到北京大学任职的席振峰开始接手关烨娣讲授金属有机化学，他对陆熙炎的讲义还记忆犹新。

  关老师的金属有机化学教材好多都已经烂了，那就是陆先生在八十年代到北大讲学时，送给关老师的类似于手稿的一个东西。因为当时的金属有机教材非常少，关老师就用陆先生的手稿为研究生上金属有机化学。我后来接替关老师给研究生上金属有机化学，虽然用的不是陆先生最初的手稿，但都是陆先生后来翻译出版的教材。后来陆先生的学生麻生明老师也出了金属有机化学的书，我们作为参考，但是我们讲的最多的还是当年陆先生他们用的那一本，因为我们想将基元反应——金属有机化学中最基本的东西教给研究生，希望他们学会一些，从反应的本质角度去了解金属有机化学。[①]

---

① 席振峰访谈，2014年6月27日，北京。资料存于采集工程数据库。

第八章
致力于导向有机合成的金属有机化学

陆熙炎受到山本明夫基元反应思想的影响，尝试从现有的基元反应出发设计新的高选择性反应，并把它应用于目标分子的立体选择性合成。自1980年，陆熙炎开始招收研究生，陆熙炎和他的研究生在烯丙基重排反应、炔烃衍生物的异构化反应、二价钯催化分子内成环反应、"盐和醋"反应、叔膦催化的［3+2］环加成反应等方面开展大量工作，并取得一系列突破性进展。

他与黄煜津在烯丙基化合物经钯催化的反应活性研究中发现，亚磷酸酯是一个中等活性的离去基团，由此扩展到利用一般三价的亚磷酸二酯重排成五价的亚磷酸酯；朱景仰进一步研究了亚磷酸烯丙酯的反应，发现了重排现象；与研究生马大为一起发现炔酮重排反应，在过渡金属催化剂或三价膦的催化下，炔酮或炔酯等贫电子炔烃异构成共轭二烯酮或酯；在此基础上，与郭成一起发现膦催化重排反应，并根据新发现的三苯基膦催化炔烃异构化现象，总结了炔烃异构化反应中过渡金属的作用；与麻生明深入研究了二价钯催化分子内成环反应并发现"盐和醋"反应，被 *Organic Synthesis* 收录为标准方法；后与张春明发现叔膦催化的［3+2］环加成反应，不仅做出世界上首例由叔膦催化的［3+2］环加成反应，同时也是国际上首例以炔酸酯或联烯酸酯作为三碳合成子用于［3+2］环加成反应。

定位烯丙基化合物的反应

从日本和法国访问回来后，陆熙炎受到山本明夫提出的基元反应基本思想的影响，开始大量阅读 Trost 有关钯的反应的文献。虽然 Trost 并不应用山本明夫有关基元反应的概念，但陆熙炎在尝试用基元反应解释 Trost 所做的研究后发现都能解释得通，于是他"一边看文献一边思考金属有机化学的研究方向，开始用基元反应的概念来设计反应。"[①] 也就是说，从金属在合成反应中的三个重要步骤出发来设计反应，即碳-金属键的形成、反应以及淬灭，而且催化反应中 C-M 键淬灭后的 M 必须和原来的 M 完全相同。在这个过程中，配位体的配位和解离、氧化加成和还原消除、插入反应和 beta- 消除、配位的基团接受外来试剂的进攻这四类反应是最基础的，这些都是基元反应。陆熙炎认为，OMCOS 应该基于这些金属有机化合物的基元反应，围绕着碳-金属键的产生、转换和淬灭并利用过渡金属的立体模版作用来设计各种各样的高选择性反应，并将其应用于复杂有机分子的选择性合成中。同时，OMCOS 化学的目的还在于不断从这些过程中发现新的基元反应及其选择性问题，进一步充实金属有机化学的基础理论，为设计更多的高选择性反应提供更多的基元反应。陆熙炎的研究正是基于这一思想，从现有的基元反应出发研究设计新的高选择性反应，并将其应用到目标分子的立体选择性合成中去，同时在这一过程中寻找和总结新的基元反应规律。这一研究思路，陆熙炎一直应用到现在。

陆熙炎开始从氧转移反应做钯的化学，"当时，钯的工作和 Trost 做的烯丙基的反应有关，有代表性的就是亚磷酸烯丙酯重排的工作……这是我研究工作的一个阶段，80 年代主要做的就是烯丙基。"[②] 1980 年以来，除了

---

① 陆熙炎访谈，2015 年 3 月 20 日，上海。资料存于采集工程数据库。
② 同①。

第八章 致力于导向有机合成的金属有机化学

氧转移和氢转移反应，陆熙炎课题组还开展了以烯烃或炔烃衍生物为原料的有机合成方法学研究，特别是过渡金属催化的新有机合成方法，即导向有机合成的金属有机化学的研究，目标是发展高效率的合成反应。他们着重研究了在零价钯催化下一系列有重要学术意义的有机化学反应，如在零价钯催化下以含 C–O–Z 键的化合物作为烷基化试剂，钯催化下用双官能团试剂进行的环化反应；碳－碳键的形成和烯丙基膦酸酯的高区域选择性取代反应；二碘化钐引发的自由基反应等。1992 年，过渡金属催化有机合成的方法学获中国科学院自然科学奖一等奖。

低价过渡金属和烯丙基－氧键的反应

钯是有机合成中最有用的过渡金属之一，在大部分由钯化合物所促成的有机合成中，人们总是假定首先生成有机钯络合物，但实际上，许多有机钯络合物的基本性质还有待认识。当时，国际学术界发展特别迅速的钯的反应是 π－烯丙基，特别是烯丙基化合物在钯配合物催化下和亲核试剂的反应，已经发展成为有机合成中的有用方法。为此，陆熙炎和他的学生投入了格外的关注，在烯丙基碳－磷键的形成、极性反转反应与重排反应方面做了大量工作。

考虑到具有烯丙基结构的酯类、醚类、醇类能与零价钯络合物发生氧化加成反应而生成 π－烯丙基钯络合物，后者和亲核试剂的反应已经发展成为合成碳－碳键的常用方法；而其中具有醋酸烯丙酯结构的化合物在四（三苯膦）钯催化下的合成反应已经由于 Trost 等的工作而得到广泛应用，为了发展这一反应，需要进一步研究在催化剂影响下，具有烯丙基结构的酯类、醚类、醇类中碳－X 键断裂的难易程度，以确定哪一种 X 作为离去基团较为合适。虽然 Negishi 等曾利用烯丙基钯络合物和金属有机化合物形成碳－碳键的反应，研究了离去基团的影响，但是其研究只限于有限的几个离去基团。陆熙炎、黄吉玲和励碧华利用醋酸烯丙酯结构的化合物在四（三苯膦）钯的催化下和负氢离子反应得到各种烯烃这一反应，研究了离去基团的影响。

值得一提的是，1980年，陆熙炎招收了第一名研究生黄煜津，1982年招收了第二名研究生朱景仰，陆熙炎和他们一起在烯丙基重排反应领域进行了大量工作。除了烯丙基碳碳键的形成、低价过渡金属和烯丙基碳－氧－杂原子键的反应，最特别的是亚磷酸烯丙酯的重排反应以及烯丙基膦酸酯的极性反转反应性能研究，这两项工作与陆熙炎在做萃取剂研究期间对磷化学的基础研究有关："因为我做过磷，最好是还能够用一点这个东西来做，做研究跳来跳去不行，要有持续性。"[1]

考虑到利用零价钯催化下 $R^2R^3P(O)H$（R^2，R^3 ＝烷基、芳基、烷氧基）与芳基溴、烯基溴以及丁二烯反应合成芳基、烯基和烯丙基膦酸酯的反应有较多报道，但是后者产率仅为10%，陆熙炎等发现醋酸烯丙酯在N，O-双（三甲硅基）乙酰胺（BSA）存在下，以有机镍为催化剂，可以高产率地得到烯丙基膦酸酯。由于氯化镍便宜、稳定，便于大规模使用，陆熙炎和朱景仰便使用氯化镍催化醋酸烯丙酯与亚磷酸二酯反应合成烯丙基膦酸酯。

在烯丙基化合物经钯催化的反应活性研究中，陆熙炎和黄煜津发现亚磺酸酯也是一个中等活性的离去基团，在四（三苯膦）钯的催化下，亚磺酸烯丙酯能顺利地重排成相应的砜，反应温度要比相应的热重排低得多，而且时间短、产率高。考虑到二价钯配合物如氯化钯、二（三苯膦）二氯化钯以及二（三苯膦）苯基溴化钯均不能催化这个反应，因此，他们认为杂原子酸烯丙基酯和低价过渡金属的反应与羧酸烯丙基酯和低价过渡金属的反应相似，并解释了其重排机理[2]。但是用四（三苯膦）钯为催化剂和亚磷酸烯丙酯反应时，不能分离得到重排产物。陆熙炎和黄吉玲、朱景仰等通过进一步研究发现，在双（环辛二烯）镍的催化下，亚磷酸烯丙酯能够重排成相应的膦酸酯，反应温度要比相应的热重排低得多，而且时间短、

---

[1] 陆熙炎访谈，2015年3月20日，上海。资料存于采集工程数据库。
[2] 陆熙炎，黄煜津：钯配合物催化的亚磺酸烯丙酯重排反应。《化学学报》，1984年第42卷，第835-837页。

产率高。① 不仅如此，他们还探索了无水二氯化镍催化下醋酸烯丙酯与亚磷酸二酯的反应。

磷化学里要反应生成 C–P 键还是比较难的，苏联阿尔布佐夫重排就是用三价磷跟一个氯代烷反应，生成五价磷的烷基膦酸酯但要很高的温度。当时我就想，醋酸烯丙酯跟零价钯反应——加一点碱，这个负电荷在磷上去，那么负电荷的磷会不会进攻到 π 烯丙基，从一个三价磷变成一个五价磷，生成一个 C–P 键？②

也就是说，钯的作用主要是生成 π-烯丙基，因为 π-烯丙基钯带一个正电荷，通过磷的重排反应，π-烯丙基上得到了碳磷键。当时做钯和烯丙基反应的研究者还没有关注到磷，从这一角度讲，陆熙炎和朱景仰做的亚磷酸酯的烯丙基反应属于开创性工作。

通过这段时期的探索，陆熙炎从最初尝试做低价过渡金属与烯丙基的反应，到最后确定了专攻钯的反应。与镍相比，钯只有二价和零价，比较简单，不容易变成自由基；而镍很容易变成自由基。如果用镍，要么进入规规矩矩的反应，要么变成自由基的反应，反应难以控制，而且机理也变得复杂。"包括现在很热门的铜、金都有自由基的问题，钯比较简单，其机理的描述、反应的过程都很简单，所以，后来我们就专门做了钯。"

炔烃衍生物的异构化反应

开发节约能源、减少三废、易获取原料、操作简单、反应条件温和及高选择性的反应，是现代有机合成化学的一个重要领域。而金属有机化学的发

---

① 陆熙炎，黄吉玲，朱景仰：镍配合物催化的亚磷酸烯丙酯重排反应。《化学学报》，1985年第43卷，第702-703页。

② 陆熙炎访谈，2015年3月20日，上海。资料存于采集工程数据库。

展为这一领域注入了新的活力。大量均相过渡金属催化剂的发现为人们提供了多种简便的合成方法，以取代那些需要很多步才能完成的经典合成，亦提供了一些用经典手段所无法达到的高选择性反应，在药物、农化产品、香料以及各种特殊中间体的合成中到处都可以看到应用金属有机催化剂的例子。而陆熙炎也开始从合成效率的角度考虑金属有机化学领域的问题，包括反应的选择性问题，即化学、区域、立体、对映、非对映的选择性。

1984 年，陆熙炎招收研究生马大为。四年后，他们发现了一个新的反应，即炔酮重排——炔酮或炔酯等贫电子炔烃在过渡金属催化剂或三价膦的催化下异构成共轭二烯酮或酯，并首先报道了二价钌催化下炔酮异构化为共轭二烯酮的反应，反应生成的产物为 E，E- 构型。

为什么当其他同门在进行钯催化下的烯丙基化合物反应时，马大为会发现炔酮重排呢？

马大为硕士阶段的工作是金属催化碳氢键活化，他在这个过程中发现一些金属的氢化物可以促进一些反应。对于烯烃来讲，其用处不是太大，但是对于炔烃来讲，如有一个三键发生重排的话，可能生成官能团更多的分子，这是比较有用的反应，所以马大为开始做炔烃，后来成为他博士论文最主要的一个部分。他们发现，炔烃可以重排成一个共轭二烯，不同类型的三键会异构化成两个双键，即共轭双键。当时国际上还有另外两个研究小组在做相似的工作。

他们首先报道了用钌的配合物作为催化剂，在甲苯中回流可使炔酮异构化为双烯酮，产物双键的立体构型为 E，E，而且通过检测并未发现有其他异构体生成，证明反应为立体选择性。马大为和陆熙炎一起完成了炔烃变成双烯的工作，并于 1988 年发表在 *Tetrahedron Letters* 上。随后，Trost 研究小组和 Inoue 也在这一年报道了类似的反应，但是他们的立体选择性没有陆熙炎小组得到的高。

考虑到在炔酮的异构化中，羰基的存在是必要的，马大为和陆熙炎想到炔酸酯也可能异构化为双烯酸酯，并在若干次尝试后发现，在铱或钌配合物催化下，反应果然能进行，但是加入脂肪族叔膦是必要的，而且反应温度较炔酮高。他们利用这一方法制备了双烯酸酯，这些双烯酸酯有的是合成杀虫剂及昆虫激素的中间产物，有的本身就是天然的芳香物质。由于炔酸酯可以方便地从炔阴离子和二氧化碳再酯化而得到，所以他们的方法可以极为方便地制备 E，E- 双烯酸酯。

按照这一思路，他们又分别利用铱和钌配合物和三丁基膦为催化剂，在甲苯中回流发现可以异构化为 E，E- 双烯酸酰胺，但是回流时间较长。利用这种方法，他们合成了 E，E- 双烯酸酰胺，而且分离到了天然的杀虫剂。此外，他们还比较了各种炔类的反应活性，并利用与炔烃的异构化类似的方法，将炔烯酮异构为三烯酮，将双炔酮异构化为四烯酮或三烯酮等。

在马大为的研究工作基础上，郭成继续对炔酮和炔仲醇异构化反应进行研究，建立了合成烯酮和烯酸酯的新路线。他在 α，β- 炔酮异构化反应的基础上，建立了一条从二炔酮出发，原料易得、立体选择性好的制备 (E，E，E，E)- 四烯酮和 (E，E，Z)- 三烯酮的路线；从二炔醇立体选择性地合成了 (E，E，E)- 三烯酮，为此类化合物的制备提供了一个简便可行的途径；在 α，β- 炔酮和 2- 炔酸酯异构化反应的基础上，建立了一条从 4- 戊炔醛出发，立体选择性高、比较简捷的合成二烯二酮和 6- 羰基 -2，4- 二烯酸酯的路线，并且通过这一路线合成了天然产物；利用过渡金属络合物催化的 α，β- 炔酮和 2- 炔酸酯的异构化反应，立体选择性地合成了四烯二酮、10- 羰基 -2，4，6，8- 四烯酸酯和 2，4，6，8- 癸四烯二酸酯。

重要的是，郭成和陆熙炎在研究以烯醇异构为羰基作为动力的三键的异构化过程中，特别是在研究过渡金属络合物催化的 4- 羟基 -2- 炔酸酯和 γ- 羟基 -α，β- 炔酮的异构化反应时，意外地发现了三苯基膦参与的上述化合物的脱氧 - 异构化反应，并且在对 4- 羟基 -2- 炔酸酯和 γ- 羟基 -α，β- 炔酮脱氧 - 异构化反应的机理进行探讨时，意外发现了三苯基膦催化的 α，β- 炔酮的异构化反应。不仅如此，他根据新发现的三苯基膦催化炔烃异构化的现象，对炔烃衍生物异构化反应中过渡金属的作用进行了讨论和总结，提出了三种不同的可能机理。郭成和陆熙炎的这项新发现，意味着炔酮和炔醇的重排反应不需要金属，仅用三苯基膦就可以发生重排。这意味着反应条件可以更加温和、方便经济，而且产率高、立体选择性好，更符合化学反应的高合成效率。

郭成从马大为的反应做起，专门做了三键异构化的反应。为了验证这个想法，我们用不同的磷配体进行尝试，想知道多少个磷的配体效果是最好的。在尝试的过程中发现，磷加得多，得率就高。这是偶然发现的一个现象，我们开始思考其中的机理。郭成非常仔细，他发现在层析底下有一个点，检查下来是氧磷的固体。我们索性只用磷去试做反应。果然在没有钯的条件下，也可以得到85%的得率，这是第一个磷催化的反应。①

陆熙炎多次强调，郭成的发现是偶然的，并且经常用马大为和郭成的研究工作来说明做研究的偶然性和必然性。他一直认为，做研究的基础扎实了，才能获得偶然的发现，也就是说，这种偶然的现象一定是基于对事物的深刻认识，科学发现是建立在牢固的研究基础之上的。

有机合成的内容包括两方面，一是目标分子的合成，一是方法学的研究。在有机合成的方法学方面，注重选择性和原子经济性。陆熙炎注意到，20世纪80年代，化学界集中于选择性研究，今后将更加注意如何经济地利用原料分子中的原子问题。考虑到理想的化学反应包括温和的条件、高选择性、催化的反应和原子经济性，陆熙炎和他领导的研究团队开始朝着利用过渡金属对有机反应的促进作用、达到理想的化学反应这一目标努力。直到1993年，他们以炔烃衍生物为原料设计了一系列新反应，包括炔烃衍生物的异构化反应，具体分为以羰基为活化基团的炔烃异构化和以烯醇异构作为动力的三键的异构化。又可以细分为炔酮异构化成双烯酮、炔酸酯异构化成双烯酸酯、炔酸酰胺异构化为双烯酸酰胺、炔酸的反应、炔烯酮异构为三烯酮、双炔酮异构化为四烯酮或三烯酮，成为合成多烯化合物的一个新的普遍方法。

在以烯醇异构作为动力的三键异构化方面，考虑到过渡金属催化的烯

---

① 陆熙炎访谈，2015年4月3日，上海。资料存于采集工程数据库。

丙醇的氢转移反应已被广泛研究，一般认为其关键的一步是双键的异构化，陆熙炎团队设想以炔丙醇为原料将三键异构化，从而得到 α，β－不饱和羰基化合物。巧妙的是，在这一反应中，三键并没有被 α－羰基所活化，生成的 1，2－二烯醇中的烯醇立即异构化为羰基化合物，使平衡不可逆转，从而为这一反应提供动力。

叔膦催化的［3+2］环加成反应

上文我们已经交代，陆熙炎和郭成发现了叔膦催化的贫电子联烯或炔烃的反应。这些反应有一个共同的特点，即为亲核试剂对贫电子炔烃的碳碳三键的进攻所启动，所不同的仅在于亲核试剂进攻后所生成的活性物种的转化方式。

最重要的是，陆熙炎和张春明、徐振荣等在研究三苯膦催化下亲核试剂对贫电子联二烯 2，3－丁二烯酸甲酯的加成反应过程中，发现了三苯膦催化的亲核试剂对贫电子联二烯 2，3－丁二烯酸甲酯的区域选择性反转加成反应，并发现膦催化的贫电子联二烯酯、酮和 2－丁炔酸酯为 C_3 合成子与贫电子烯烃为 C_2 合成子的［3+2］环加成反应。这是国际上首先发现在叔膦催化下的贫电子联烯或炔烃和贫电子烯烃的［3+2］环加成反应，利用这种方法可以方便地合成环戊烯衍生物，其原料简单易得并具有原子经济性的特点。他们首次巧妙地将 2－丁炔酸酯用作［3+2］反应的 C_3 合成子，这一新奇的［3+2］碳环化合成环戊烯衍生物的方法，对某些天然产物的合成有着潜在的应用前景。除此之外，他们在［3+2］反应机理的基础上，推断并实现了三苯膦催化的 α－溴甲基丙烯酸酯作 C_3 合成子与贫电子烯烃在碱存在下的［3+2］环加成反应，为合成环戊烯衍生物提供了又一新方法。

也就是说，这一工作的化学意义不仅在于这一反应是第一例由叔膦催化的［3+2］环加成反应，而且也是国际上首例以炔酸酯或联烯酸酯作为三碳合成子用于［3+2］环加成反应。通过这种方法，可以高效率地获得五元碳环。而五元碳环是天然产物最普遍存在的单元之一，尤其常见于萜类、甾体类化合物中。由于这类化合物的广泛存在和重要的生理活性，五元碳环成为 20 世纪八九十年代有机合成中的热点。陆熙炎小组的工作提供了产生适当的三碳合成子的方法，使通过［3+2］环加成合成五元碳环的合成方法获得普遍应用。后来，这一反应又发展为合成五元杂环衍生物和螺环化合物的方法，这类不用金属为催化剂而用有机化合物催化的反应在 20 世纪 90 年代非常活跃，称为有机分子催化。

值得指出的是，膦催化是陆熙炎小组的研究工作中别具特色、但却常常被人们忽视的地方。

人们一般都是提他（陆熙炎）的钯催化……还有一个工作很值得提的是有机膦催化，他的这部分工作也是具原创性的。有机膦催化的反应现在也是一个热点，当时国际上不止陆先生一个实验室在做，还有美国 Stanford 大学的 B.M.Trost 教授，这个是蛮有名的有机化学家，他跟陆先生有很多工作交叉，包括钯催化、有机膦催化都有交叉，这个很有意思。陆先生的有机膦催化反应跟 B.M.Trost 的有机膦催化反应很像，互有补充。陆先生的工作有原创性，现在有的人叫它陆反应，就是有机膦催化的［3+2］加成反应，不是钯催化。①

二价钯催化分子内成环反应

陆熙炎在炔酸烯丙酯的分子内成环反应方面，发展出几个完全用二价钯催化而不经过零价钯催化的方法，这又是一个系统、细致工作的典范。

20 世纪 80 年代末期，合成方法的一大发展是分子内的环化反应，人们利用金属有机基元反应设计建立了一系列特殊的环状骨架。例如，分子

---

① 张庆海访谈，2014 年 6 月 14 日，上海。资料存于采集工程数据库。

内的 Heck 反应，分子内的碳－碳重键的烯丙基化反应，分子内双烯、烯炔、双炔的环化反应等都为环状化合物的合成提供了有效途径。[①] 研究者设想，若将该反应中的卤代烃及烯烃组合在同一分子中，在钯催化下发生类似的反应，就可能生成环状化合物。陆熙炎和麻生明先从基元反应的原理出发，对分子内的 Heck 反应进行研究，发现这类反应可以分为以 β-H 消除而终止的分子内 Heck 反应以及不能以 β-H 消除而终止的分子内 Heck 反应，他们还对成环大小的一般规律和影响、影响环化产率的因素、分子内 Heck 反应中新生成双键的位置等进行了分析，为 Heck 反应在有机合成中的应用开辟了新领域。

最初，麻生明看到 Kaneda 报道了 Pd(PhCN)$_2$X$_2$ 催化的炔烃和烯丙基卤化物的偶联反应。在这个例子中，反应的最后一步是通过脱卤钯化再生二价钯，完成催化循环。因此，他和陆熙炎认为，没有零价钯物质参与而完全用二价钯进行催化反应是可能的。如果将 Kaneda 反应中的双键和三键通过酯基连接起来，通过三键的卤钯化和碳－碳双键的插入，最后脱卤钯化就很容易得到 α-亚烷基-γ-丁内酯结构。试验后果然成功了。

也就是说，陆熙炎和麻生明巧妙地利用开链的丙炔酸烯丙基酯在氯化钯的作用下合成 α-亚甲基-γ-丁内酯的衍生物。该反应和 Kaneda 的工作一样，但是原料不同，而且是分子内的反应。当时，钯催化的烯炔偶联反应在国际上已得到很大应用，但相应的适合于合成内酯的烯炔偶联的方法还很少。在一系列的具有生物活性的 γ-丁内酯的合成研究中，陆熙炎和麻生明提出了在温和的条件下将 2-炔酸烯丙酯进行分子内环化的方法，以构建多取代的 γ-丁内酯。

这一反应具有原料易得、反应条件温和、选择性好等优点，与传统的零价钯或钯氢促进的炔烃偶联相比较，这些二价钯催化的环化反应有许多优点，不需要无氧条件；其催化剂不含有有机配体，因而更容易回收利用。炔酸烯丙酯的分子内成环反应生成 γ-丁内酯，是一个前所未有的通

[①] 麻生明：分子内的 Heck 反应。《有机化学》，1991 年第 11 期，第 561-573 页。

过碳-碳键的形成来合成这类化合物的方法。①

这部分工作完成之后,他们通过仔细设计的催化和底物体系,通过碳钯键的不同淬灭方法,例如β-杂原子消除、氯化铜促进的氧化断裂、羰基促进的碳钯键的质解,可以分别得到β-乙烯基、β-卤甲基取代的γ-丁内酯,产物α-卤亚烷基-γ-丁内酯通过进一步转化,炔烃上的取代基能控制产物β,γ-位的立体化学,炔烃没有取代基时为反式。当炔烃有取代基时,β,γ-位的立体化学为顺式;而且随着烷基基团的增大,其非对映选择性亦随之提高。这一发现,为γ-丁内酯的合成带来革命性变化,为其合成提供了一个有效方法——即只要通过一步简单操作,就能有效地构建具有不同立体化学的γ-丁内酯结构单元。即通过调节炔烃上的取代基和在γ-位的碳事先引入手性,就可以合成α,β,γ-位立体化学可控的八个光学异构体。有了这些方法,就可以很方便地合成具有α-亚烷基-γ-丁内酯结构单元的天然产物。

α-亚烷基-γ-丁内酯是许多天然产物的结构单元,尤其是具有有趣生理活性的倍半萜烯一类。这些α-亚烷基倍半萜烯内酯在结构上大多以并环的形式存在,它们具有细胞毒性、抗肿瘤及杀菌等生理活性,而且其毒性比相应的α-亚烷基-γ-丁内酯要小得多。为此,陆熙炎和学生江焕峰对α-亚烷基-γ-丁内酰胺的合成进行了研究,并对反应过程中的立体化学进行探讨。②

"盐和醋"的反应

在深入研究过渡金属催化的贫电子炔烃的反应及以烯-炔衍生物为

---

① 麻生明:利用不饱和碳-碳键加成反应的新合成方法研究。中国科学院上海有机化学研究所博士论文,1990年,资料存于中国科学院上海有机化学研究所图书馆。

② 江焕峰:开链2-炔酸衍生物的分子内环化反应研究。中国科学院上海有机化学研究所博士论文,1993年,资料存于中国科学院上海有机化学研究所图书馆。

原料进行钯催化的环化反应时，陆熙炎和麻生明除了检测到预期的主产物外，还偶然检测到一个没有环化而只是发生了氢卤化的产物，虽然产率很低，但引起了他的兴趣。在研究贫电子炔烃的立体选择性卤氢化的工作中，他们认识到贫电子炔烃和一般的炔烃接受亲电进攻不同，它可以接受亲核试剂的进攻，除了卤离子，其他的亲核试剂也可能启动反应。研究表明，即使不用任何贵金属催化剂，丙炔酸衍生物的三键在乙酸中接受卤离子进攻时也能发生立体选择性氢卤化反应，高产率地得到 (Z)- 式卤代丙烯酸衍生物。这一工作成果由陆熙炎和麻生明于 1990 年在国际上首先发表。由于这一方法的原料简单、反应条件简单温和、所生成产物的立体选择性极好，被国际广泛使用的工具书 Organic Synthesis 收录为标准方法，并被戏称为"盐和醋"的反应。

这个反应有什么优点呢？炔烃由于其碳碳三键的特殊电子结构，显示出丰富的化学反应性，是有机合成中一类极其重要的合成块。炔烃的化学也是有机合成中十分活跃的领域。基于炔烃碳碳键的不饱和性，从炔烃的加成反应合成多取代的烯烃是一个十分有效的方法。随着有机合成化学的发展，化学家越来越重视有机合成中的效率问题，包括选择性和原子经济性。而已有的研究关于炔烃的立体选择性的加成反应报道很少，且大都得到热力学上有利的 E- 式炔烃的主要产物，而在热力学上不利的 Z- 式产物的报道更少。因此，这一反应的发现提供了一个具有高选择性和好的原子经济性的新方法。

我们看到，在炔烃为原料的合成方法学研究中，陆熙炎和他的学生一起研究了炔烃的异构化反应、叔膦催化的反应、亲核试剂对贫电子炔烃的加成、炔酸烯丙酯的分子内成环反应等。1999 年 12 月，陆熙炎研究小组"以烯烃或炔烃衍生物为原料的合成方法学研究"获国家自然科学奖二等奖，并于同年获得何梁何利基金科学与技术进步奖。1999 年，陆熙炎指导朱国新完成的博士论文《钯催化烯炔分子内环化反应的立体化学及其在天然产物不对称合成中的应用》入选 1999 年全国百篇优秀博士学位论文。

第九章
绿色化学与钯催化反应中的 β-H 消除

20 世纪 90 年代，随着环境问题日益严峻，绿色化学这一新兴的化学门类应运而生，而原子经济性是绿色化学的关键思想，陆熙炎敏锐地意识到不对称催化合成将成为化学新的研究趋势。他开始关注基于有机合成的方法学 OMCOS，通过基元反应来拓展金属有机化学的研究，并基于这一思想研究了 β-H 消除反应、二价钯催化反应和立体化学等。

他和王忠经过研究发现，过量的卤离子在抑制 β-H 消除反应中发挥重要作用；此后同张庆海进一步发现含氮配体和过量的卤离子一样，都能抑制 β-H 消除反应，双氮配体的抑制作用比卤离子更强；此外，和朱国新研究了钯催化环化反应，并揭示出卤离子对反应有重要影响，但环化速率、产率、环外双键的立体选择性受卤离子浓度影响小。

原子经济性与 OMCOS

经过十多年对金属有机化学的关注，陆熙炎发现自 20 世纪 50 年代初二茂铁的发现而宣告诞生之后，金属有机化学一直是一个活跃的领域。20

世纪五六十年代，金属有机化学的主要工作是合成新的、不同类型的金属有机化合物，研究它们的结构，发现新的结构类型。同时，也积累了有关金属有机化合物的物理、化学性质的知识。从20世纪70年代开始，山本明夫等化学家逐渐归纳出一些金属有机化合物的基元反应，陆熙炎和他的研究小组从这些基元反应出发发展了一些合成上有应用价值的反应。由于碳－金属键的特殊性质，这些反应往往是条件温和、催化的。加上金属的模版作用，这些反应往往具有较高的选择性。

进入20世纪90年代，陆熙炎敏锐地意识到不对称催化合成是新的研究趋势，而化学面临着环境问题的挑战。1991年，Trost首次提出了原子经济性概念，即从原子计数上考虑原料分子中的原子究竟有多少被利用到产物分子中。比如，有机合成的一个重要反应——Wittig反应，使用Wittig试剂可将酮或醛等羰基化合物高效地转化为烯烃，但由于三苯基膦最后生成三苯氧膦，因此Wittig反应的原子利用率非常低。为此，一个有效的合成反应不仅要求高度的选择性，还要求具备较好的原子经济性。

陆熙炎前瞻性地认识到，原子经济性反应将成为绿色化学的主要内容。而陆熙炎一直致力于发展基于有机合成的方法学，即OMCOS。OMCOS与传统方法相比具有一些优势。一方面，OMCOS强调催化方法在有机合成中的应用，传统的有机化学方法大多数依靠非催化的当量反应，不仅反应的效率难以改进，而且原子经济性较低。如何将催化的思想融入每一个合成反应是有机化学研究的核心内容之一，因而OMCOS在这个方向有着独特的优势。另一方面，在催化过程中实现反应的选择性控制尤其是立体选择性的催化控制，也是OMCOS的一个重要领域。另外，OMCOS可以使惰性化学物质参与反应，借用碳－金属键的形成来活化惰性化学键，从而确保有机化学合成能够使用廉价与安全的反应原料；而且OMCOS方法在很多方面大大改进了传统合成方法。为此，陆熙炎认为OMCOS可以在资源、环境、人口、健康和材料等方面大展宏图，OMCOS需要解决在这些方面遇到的化学键的断裂和形成问题，创造新的方法来断裂或形成新的化学键。也就是说，先从资源等方面找出问题，然后用OMCOS来解决这些问题。基于这种考虑，陆熙炎和研究小组将研究重点放在符合绿色化学的二价钯催化领域。

钯催化与控制 β-H 消除

陆熙炎长期致力于通过基元反应来拓展金属有机化学，β-H 消除被视为过渡金属化学中最重要的基元反应。陆熙炎对此有自己的理解：

四个基元反应包括氧化加成、插入反应、还原消除和配体的反应，在有机反应里面是三步，第一步是碳-金属键的形成，第二步是碳-金属键的反应，第三步是碳-金属键的淬灭。假定 β 位有一个氢原子的话，往往会攫氢，叫 β 攫氢。钯上面有电子，也有空配位，氢就和它配起来变成钯氢，叫 β 攫氢反应，这样钯氢很容易变成零价钯。[①]

β-H 消除反应会造成什么影响呢？反应一开始用的催化剂是二价钯，如果发生 β-H 消除反应，就会得到零价钯，反应中的催化剂不容易实现循环，需要想办法再把零价变成二价，这一过程需要氧化剂。但是氧化有好多问题，最好能够实现用空气氧化或是氧气氧化，但是这么做非常困难，需要用金属氧化剂来氧化。而一般的金属氧化剂如氧化铜、氧化银使用后会造成很大的危害，不符合绿色化学的要求。

自从 1958 年发现了瓦克尔法（Wacker Process），即乙烯在氯化钯和氯化铜催化下被空气氧化生成乙醛，现代钯化学得到迅猛发展。20 世纪 60 年代后期，钯催化下的烯烃芳基化或烯基化反应（即 Heck 反应）成为化学家所掌握的一个强有力的合成方法。第一个金属催化的交叉偶联反应——Kumada-Corriu 反应——自 1972 年开始作为一种合成手段得到应用，并逐渐形成把两个有机基团整合为一个碳-碳键的合成路线。在

[①] 陆熙炎访谈，2015 年 4 月 3 日，上海。资料存于采集工程数据库。

Wilkinson 作出的先驱性发现后，β-H 消除一直被认为是过渡金属化学中的一个最重要的基元反应。在 Heck 反应中，β-H 消除是淬灭碳-钯键的关键步骤，但由于 Heck 反应启动时用的催化剂是零价钯，而 β-H 消除生成的也是零价钯，所以对催化反应没有影响。在瓦克尔法中，由于催化剂用的是二价钯，β-H 消除虽然是淬灭碳-钯键的关键步骤，但由此生成了零价钯，必须再用氧化剂才能完成催化循环。另一方面，在很多例子中，β-H 消除成为副反应和副产物的根源。因此，为了使反应有高的得率和选择性，控制 β-H 消除尤为重要。

化学家对过渡金属与碳所成键的性质做了很长时期的研究。1955 年，这个领域的化学家依然强调，"从整个过渡金属烷基或芳基化合物的情况可以清楚地看出这样的结论，即它们比非过渡金属有机化合物要不稳定得多和不容易研究这一点是完全确实的"。值得注意的是，对过渡金属-碳键进行深入研究之后，从热力学数据表明 M-C 键并非特别弱，而且其键能完全可以与非过渡金属-碳键的键能相比。由此可以得出，简单的烷基化合物的不稳定性并非出自热力学上的原因，而是动力学上的原因。

对于过渡金属化合物，金属烷基化合物最常见的分解方式是 β-H 消除反应。这里，一个氢原子从烷基碳链上的第二个或 β-碳转移到金属上去，然后这个金属氢化物-烯烃配合物中间体脱掉烯烃，而金属氢化物则进一步分解成金属和氢。在烷基金属中，烷基只占有一个配位，而在金属氢化物-烯烃配合物中间体中金属被占去了两个配位———一个是氢化物，一个是烯烃。因此，使烷基化合物稳定而防止其分解的一个方法是使金属的配位饱和，如果使牢固键合的配体占去可进行反应的位置，那么 β-H 消除不会发生，也就不存在分解的途径了。基于这一研究，科学家得出发生 β-H 消除反应的必须条件是金属必须有空配位，且 M-C-C-H 四个原子必需有可能是共平面。

20 世纪 80 年代，熊田诚（Makoto Kumada）等对 Kumada 反应中以烷基化合物为底物做了较为深入的研究。当异丙基氯化镁和氯苯在 [1,3-双（二苯膦基）丙烷]-二氯化镍的催化下，除了目标产物异丙基苯外，还得到 4% 的异构化产物正丙基苯。而同样的反应用双（三苯膦基）二氯化镍作催化剂，却只得到小于 10% 的正常产物和大量的正丙基苯以及苯。催化循环中产生的烷基钯物质发生了 β–H 消除而得到金属氢化物–烯烃配合物中间体物质，从而导致这些异构化产物和还原产物的生成。这一事实说明，发展合适的催化剂可以使还原消除的速度大大快于 β–H 消除的速度，从而实现选择性的交叉偶联反应并抑制副反应。Hayashi 等在一级和二级烷基格氏试剂和有机卤化物的偶联反应中找到了一个非常有效的催化剂 [1，1'-双(二苯膦基)二茂铁] 二氯化钯，可以以高产率选择性地给出相应的偶联产物。在认识到发生 β–H 消除反应的本质和防止其发生的可能性后，人们试图在反应中阻止 β–H 消除反应的发生。

陆熙炎和研究小组发现，尽管在钯催化的碳–碳键形成的反应中，二价钯物质是最普通的活性物质，但是大多数以二价钯物质起始的碳–碳键偶联反应都是当量的，其主要原因就在于淬灭碳–钯键再生二价钯物质的方法很少，而且碳–钯键容易通过 β–H 消除或还原消除被淬灭，从而生成零价钯物质，使得催化循环不可能。在这些反应中，需要氧化剂来生成二价钯催化剂。为此，他们集中研究钯催化反应中控制 β–H 消除的情况。

卤离子与二价钯催化的反应

陆熙炎研究小组研究了卤离子的影响，并在二价钯催化的反应和零价钯催化的反应方面进行了大量探讨。

为什么会关注卤离子的影响呢？陆熙炎和麻生明利用分子内的烯炔环化反应合成了 α–亚甲基–γ–丁内酯的衍生物，并利用开链的丙炔酸烯丙基酯在氯化钯–氯化铜的作用下合成 α–亚甲基–γ–丁内酯的衍生物，实现了利用二价钯催化从炔酸烯丙酯合成 γ–内酯。陆熙炎的学生王忠进入研究小组后，试图进一步研究钯启动的炔酸烯丙酯的环化，利用该反应来研究如何实现不对称合成。他们尝试了许多手性配体，结果都做得不成功。

后来王忠设计了一个反应，用酒石酸的烯丙基部分做成手性缩醛来做不对称合成。为什么想到用酒石酸呢？因为生成一个缩醛需要2个羟基具有手性的化合物，最容易获得的原料就是酒石酸。有趣的是，王忠在这个反应中间犯了一个错误，却意外收获一个重大的发现。

> 他在酒石酸缩醛的反应里面不小心加了一点醋酸……结果缩醛水解后生成的醛发生了烯醇化，质解下来生成二价钯，而非零价钯，这是一种新的方法——不需要加金属氧化剂，就可以让碳—钯键淬灭。这个CHO的反应是偶然发现的。①

发现这个现象后，陆熙炎和王忠进行了深入研究，探讨为什么醛基可以发生碳-钯键的质解，而不是发生β-攫氢，两个反应之间存在何种竞争关系。在这一例二价钯催化的炔酸烯丙酯环化反应中，生成产物以及再生二价钯催化物质的关键步骤是碳-钯键的质解。通常，烯基钯物质和α，β-不饱和羰基化合物反应通过插入反应所得中间体经过β-H消除反应而得到烯基化产物，而不是通过质解生成加成产物。虽然原则上碳-钯键的质解也是一个重要的有机钯化合物反应，但是文献上有关其研究应用的报告却比β-H消除反应及其他基元反应要少得多。陆熙炎和王忠从基元反应出发，探讨了其中的机理和原因。②

进一步研究发现，在高浓度LiBr下，用氧钯化这一启动方式可以得到高得率的内酯；而在较低量的LiBr下，即可以得到94%产率的β-H消除产物，同时还有质解产物生成。

他们首先检查了3-庚炔酸和丙烯醛在二价钯催化下的反应。在这个反应中，他们推测分子内氧钯化以后丙烯醛再插入，从而产生烷基钯中间体。在制备(E, Z)二烯时，在高浓度的LiBr下能得到纯的二烯醛，但是在较低浓度的LiBr下，此反应除了生成预期的二烯醛外，还有三烯醛，其产率分别为220%及80%。通过进一步研究，他们发现LiBr∶Pd的比例从10∶1增加到

---

① 陆熙炎访谈，2015年3月27日，上海。资料存于采集工程数据库。
② 王忠：钯催化下炔烃的反应化学及其合成应用。中国科学院上海有机化学研究所博士论文，1996年，资料存于中国科学院上海有机化学研究所图书馆。

200∶1时，反应的催化活性明显增加，而反应产率也从550%增加到3980%。以上结果说明，低浓度卤离子有利于β-H消除产物的生成，而高浓度卤离子抑制了β-H消除，生成了质解产物。但是，催化循环包含了多种中间体和反应步骤，使得他们很难区分卤离子对每个单独步骤（如质解）的影响。

为了进一步了解催化反应中卤离子的作用，陆熙炎和王忠研究了钯络合物与丙烯醛的当量反应，以此作为一个模板反应。他们研究了不同锂盐（LiOAc、LiF、LiClO$_4$、LiCl、LiBr和LiI）作为配体对反应的影响。在相同溶剂（HOAc）中，没有其他阴离子或者只有ClO$_4^-$和OAc$^-$为阴离子条件下，反应只得到了β-H消除产物；当有Cl$^-$、Br$^-$或I$^-$存在时，只得到了质解产物。这表明，阴离子对不同产物的生成起了关键作用，即反应受到阴离子的配位能力的控制。大量的氯离子、溴离子或碘离子（X=Cl$^-$、Br$^-$或I$^-$）通过占据空配位而有效阻止了β-H消除。

不仅如此，通过对上述反应的进一步深入研究，陆熙炎还从基元反应出发总结出：在基元反应中，碳-钯键在过量卤离子存在下优先发生β-杂原子消除而不是β-H消除，在过量卤离子存在下优先发生质解而不是β-H消除，这是因为卤离子填满了钯原子的配位，使β-H消除不能发生。陆熙炎反复强调这些工作都是从基元反应开始的，由此不仅发展出新的合成方法，而且还可以发现新的基元反应。

> 我们做工作的目的都是从基元反应开始的，有的时候还可以发现新的基元反应，这个东西就是所谓的OMCOS，即以金属有机为本，这是我的一个思路。从1981年到现在都是如此。金属有机反应的三个基本步骤中，催化反应中金属在淬灭之后，必须和原来的完全相同，才能够循环，所以这是一个很主要的问题。基元反应中，配位、解离、氧化加成反应也是可逆的。还有一个是配位配体的反应，如卤钯化。金属有机化学中这么多反应，讲来讲去就这么四个反应，这是最基本的。我们就是从它出发来发展我们的方法。[1]

---

[1] 陆熙炎访谈，2015年3月27日，上海。资料存于采集工程数据库。

在研究钯络合物与丙烯醛的当量反应过程中，陆熙炎小组发现了卤离子对催化循环的重要性，并试图进一步研究卤离子在这些反应中的作用。他们注意到，只要简单地通过金属卤化物，烷基钯中间体的反应途径可以从通常的β-H消除（Heck型反应）彻底地转变为C-Pd键的异裂过程，当所形成的碳负离子为吸电子基团所稳定时，就发生了质解。与通常形成零价钯的β-H消除不同，质解可以再生二价钯作为活性物质。基于这些发现以及很多已经成型的二价钯引发的反应，研究者就可以设计一些二价钯催化的反应。

除此之外，陆熙炎小组还进一步研究了卤钯化-烯烃插入-β-杂原子消除的串联反应，转到二价钯引发的通过β-杂原子消除淬灭C-Pd键的反应的研究中来。在炔酸4'-卤代-2'-烯基酯合成α-卤代亚烷基-β-乙烯基-γ-丁内酯衍生物中，可以得到环外双键为高立体选择性的Z构型产物。在这些体系中，对β-杂原子消除立体化学的研究表明它们进行的是反式消除；在酸性介质中，消除速度的顺序为β-OAc>β-OR>β-OH≈(β-H)。在陆熙炎小组的实验中，β-H消除速度是较慢的，而文献中报道的β-H消除一般是很容易发生的，这使得他们更加谨慎地来分析这些结果。而且，前期对质解反应的研究特别是卤离子表现出来的这些作用，也激发他们去研究β-杂原子消除中它们的作用。进一步的研究表明，通过使用金属卤化物，烷基钯中间体的反应途径可以很容易地从通常的β-H消除（Heck型反应）转变成杂原子消除。而其意义在于β-杂原子消除可以再生具有催化活性的二价钯物质，从而完成二价钯循环。

氮配体与二价钯催化的反应

在发展了一类二价钯催化的从2-炔酸-4'-(X=离去基团)-2'-丁烯酯通过卤钯化-插入-去卤钯化的串联环化反应之后，陆熙炎小组开始尝试它的不对称化反应。以往的工作表明，反应需要过量的卤离子抑制 β-H 消除，从而使反应具有高活性和高选择性。而利用这种方法在发展相应的不对称催化时出现了问题，因为卤离子本身并不具手性，无法实现不对称催化。另外，反应中过量卤离子的存在不可避免地阻止了其他手性配体与钯物质的配位。事实上，当使用通常的膦配体时并不发生反应。由此推测，反应体系中应该排除卤离子的存在，才能实现反应的不对称化。

陆熙炎和朱国新、麻生明探讨了炔酸酯的氢乙酰化反应，发现其中的钯催化剂通过反式乙酰钯化进攻三键，然后再质解，这意味着在二价钯催化的炔酸烯丙酯环化反应中，醋酸根离子也许可以取代卤离子而成为一个好的亲核试剂。问题是，醋酸根离子作为一个配体，不能像卤离子那样抑制 β-H 消除。另外，和乙酰钯化相比，即使只有少量的卤离子存在，炔烃的卤钯化也要占优势地位。因此，他们推测应该排除掉反应体系中的卤离子来抑制 β-H 消除。也就是说，要选择一个和卤离子同样具有抑制 β-H 消除作用的配体。

如何发现和卤离子同样具有抑制 β-H 消除作用，又能实现立体化学反应的配体呢？1996 年，张庆海加入了陆熙炎的研究小组。陆熙炎和张庆海首先检查了 2-丁炔酸 (Z)-4'-乙酰基-2'-丁烯酯的反应，当使用诸如 Pd(OAc)$_2$/PPh$_3$、Pd(OAc)$_2$/AsPh$_3$、Pd(OAc)$_2$/PhSMe、PdCl$_2$(PPh$_3$)$_2$ 和 Pd$_2$(dba)$_3$·CHCl$_3$ 这些催化体系时，没有得到环化产物。幸运的是，当使用 5mol% Pd(OAc)$_2$ 和 6mol% bpy(2，2'-联吡啶) 为催化体系在 60℃ 温度下反应时，他们得到了环化物 α-(Z)-乙酰基亚烷基-β-乙烯基-γ-丁内酯，产率为 87%。该反应以环外双键高选择性、高得率地生成了 γ-丁内酯，顺式反式的比例大于 95∶5。这一实验结果表明，含氮配体起到了与卤离子同样的关键作用。

有了这些结果以后，陆熙炎小组就尝试使用不同的手性含氮配体实现反应的不对称催化，并发现使用苯基取代的双恶唑啉或 (Z)-pymox-Ph 作为配体时，可以使反应有高的得率和不对称选择性，最高达 92% ee。

那么，含氮配体在反应中起到了什么作用呢？陆熙炎和张庆海在室温条件下，以醋酸为溶剂，使用不同的配体对钯络合物和醋酸烯丙酯的反应进行研究。当没有配体存在时，反应以 66% 的产率得到了撅氢产物 A，并且有钯黑沉淀生成；当有 Cl⁻ 存在时，以 75% 的得率生成了撅杂产物 B。值得注意的是，当使用吡啶、2，2'-联吡啶和菲咯啉为配体时，反应均生成产物 B，得率分别为 69%、81% 和 77%。最后他们总结道："氮配体不能作为亲核试剂，醋酸根作为亲核试剂或离去基团均可，但是氮配体可以在这个情况之下作为一个配体阻止 β 撅氢，道理跟卤素是一样的。"①

从环化反应出发拓展到不对称合成，再到发现双氮配体具有和过量卤离子相似的作用（但比卤离子更胜一筹，可以进行不对称催化等），这些都是通过对过渡金属的基元反应深入研究而取得的，也是对基元反应的重要补充，大大丰富了金属钯化学的内容，奠定了陆熙炎在国际金属有机化学界的地位。2000 年 7 月，陆熙炎参加第 19 次 IUPAC 国际金属有机化学会议（ICOMC-19，上海）并作 keynote 报告，主要讲述了张庆海关于烯炔不对称偶联的工作。

考虑到即使在零价钯催化的羰基插入反应中，通过质解淬灭氧-钯键后生成的是一个二价钯物质，该物质又经过一个还原过程生成零价钯形成催化循环。据此，陆熙炎小组设想直接以二价钯催化该插入反应也许会更有利。在研究吡啶、2，2'-联吡啶以及菲咯啉类含氮配体的作用的基础上，陆熙炎小组发展了钯催化的 Grignard 型反应以及乙酰氧钯化-插入-质解串联反应。他们通过碳-杂原子多重键插入到碳-过渡金属键而形成新的碳-碳键，这在有机过渡金属化学中是一个非常重要的基元反应，关于这方面的报道有很多。而在不使用当量的有机金属试剂条件下，碳-杂原子多重键（如羰基和腈基）插入到碳-金属键的报道较少。这种插入过程的不利因素就在于碳-杂原子 π 键键能比碳-碳 π 键的键能强，亲电性的金属倾向于和碳-杂原子多重键中的杂原子形成 σ 络合物而非 π 络合物，对插入造成不利。

---

① 陆熙炎访谈，2015 年 3 月 27 日，上海。资料存于采集工程数据库。

其他二价钯催化的反应与立体化学

考虑到 β-H 消除可以得到抑制，陆熙炎小组还对其他一些二价钯催化的反应展开了研究，如以亲核钯化启动 β-杂原子消除淬灭的反应、由亲核钯化启动和质解淬灭的反应以及通过卤钯化启动和氧化断裂淬灭的反应。

之前陆熙炎小组研究了利用过渡金属在烯炔分子内环化反应中的模版作用，从开链炔酸烯丙酯出发设计完成 α-亚烷基-γ-丁内酯骨架的构成方法，他们希望将这些反应应用到天然产物的合成中去，开拓反应的应用面。由于大部分产物具有立体化学要求，许多产物的生理活性又和其分子中的手性中心构型有关，因此为了应用该反应，陆熙炎和朱国新对反应的立体化学进行了研究。

陆熙炎和朱国新研究了醋酸钯催化下 2-炔酸烯丙基酯和卤化铜、卤化锂的成环反应的立体化学，发现三键上的卤钯化和底物上的三键的取代情况有关。更为特殊的是，当在反应底物引入一个取代基时，反应显示出不同寻常的立体选择性。他们在这个高选择性反应的基础上，以二价钯物质作催化剂，从光学纯的烯丙基醇合成烯丙胺，高立体选择性和高区域选择性地实现了一类烯丙位的取代反应，合成了光学纯的 β，γ-二取代-α-亚烷基-γ-丁内酯类产物。该方法的最大的优点是，最原始的手性来自于光学纯的烯丙基醇，因而可以很方便地得到其两种不同的绝对构型。由此，可以用来合成目标分子对映体的任何一个。

在上述工作的基础上，陆熙炎和朱国新将环化产物进一步钯催化氢化反应，在一锅反应中同时实现了碳-碳双键、烯基碳-氯键、苄基酯的还原，并重新关环。几步反应在一锅中以几乎定量的产率和极好的选择性给出了光学纯的 α，β-二取代-γ-丁内酯骨架。陆熙炎小组还以烯丙醇和对甲苯磺酰异腈酸酯反应，再以二价钯作催化剂一锅法得到了 N-对甲苯磺酰-(E)-烯丙胺，得率较高，并且发现该取代反应只发生在 1 位或 3

位取代的烯丙醇的 γ。

需要指出的是，除了研究钯对邻位离去基团的 β-消除能力及其立体化学，陆熙炎和朱国新还研究了碳-钯键的氧化断裂。在许多钯催化的反应中，当存在亲核试剂时，碳-钯键的断裂经常发生。虽然研究者已经对碳-钯键的氧化断裂进行了广泛探讨，但是这些反应的详细机理仍然不清楚。陆熙炎小组以环化反应作为研究碳-钯键氧化断裂的立体化学模型，详细研究了碳-钯键在大量氯离子存在下被氯化铜所氧化断裂时的立体化学。重要的是，他们发现在环化反应中，碳-钯键的氧化断裂的立体化学和文献报道结果有很大差别。[1] 在陆熙炎小组的体系中，碳-钯键被氯化铜氧化断裂得到的主要是碳原子构型不变的产物，即使在氯离子过量的情况下也一样。通过进一步研究，他们推测反应中碳-钯键的氧化断裂可能通过还原消除或者 SN1-SNi 型的机理。他们的探索提供了研究孤立的碳-钯键氧化断裂的立体化学模型，避免了其他模型的缺点——钯附近有大的基团或配位基团可能参与和诱导不同的立体化学。

陆熙炎小组还在二价钯催化下，通过 1 位取代的丁烯二氨基甲酸酯的环化反应，高区域选择性和高立体选择性地得到了 4-乙烯基-2-噁唑烷酮。用易得的纯手性烯丙醇类化合物，他们很容易得到光学活性的 4-乙烯基-2-噁唑烷酮，并且以该环化反应作为主要步骤较方便地合成了1，4-二去氧-1，4-亚胺基-L-木糖醇。

合成环戊烷衍生物是另一系列的工作。他们在二价钯催化和过量卤离子存在条件下，由炔烃的环碳钯化启动可以高区域选择性和高立体选择性地实现炔烃和烯丙基卤化物的偶联反应，反应包括分子内炔酸烯丙酯的环化合成 α-亚烷基-β-醛基亚甲基-γ-丁内酰胺。除了这些，在二价钯催化下，他们还通过一个三分子的组合反应合成了四氢呋喃类衍生物，反应包含了炔烃和碳负离子（来自于烷氧离子对烯烃衍生物的加成）的分子内碳钯化，烯丙基氯插入到碳钯键以及过量氯离子条件下通过 β-杂原

---

[1] 朱国新：钯催化烯炔分子内环化反应的立体化学及其在天然产物不对称合成中的应用。中国科学院上海有机化学研究所博士论文，1995 年。资料存于中国科学院上海有机化学研究所图书馆。

子消除淬灭碳钯键。

在由亲核钯化启动和质解淬灭的反应方面，他们主要开展了如下五方面工作：

（1）合成 α-亚烷基-β-醛基亚甲基-γ-丁内酰胺。在二价钯催化下，通过炔烃-α，β-不饱和羰基化合物的分子内偶联反应，有效制备了 α-亚烷基-β-醛基亚甲基-γ-丁内酰胺。在这个反应中，溴离子阻止了可能发生的 β-H 消除。

（2）从乙炔制备官能化的 (E, Z)-二烯。在二价钯催化下，由二分子的乙炔、贫电子烯烃和卤离子可以方便地高立体选择性地一步合成官能化的 (E, Z)-二烯。在该催化反应中，碳-钯键的质解是关键一步，溴化锂和醋酸钯的比例也有很大的影响。当溴化锂和醋酸钯的比例从 10：1 增加到 200：1，催化活性极大提高，从 550% 增加到 3980%（基于钯），这是因为卤离子占据了钯的配位从而有利于质解，而不利于 β-H 消除。

（3）合成 γ，δ-不饱和羰基化合物。在二价钯催化下，发展了一类贫电子炔烃与丙烯醛或甲基乙烯基酮的偶联反应，该反应提供了一种有效合成 γ，δ-不饱和羰基化合物的方法。其机理包括炔烃的乙酰氧钯化、贫电子烯烃的插入以及碳钯键的质解。在双氮配体帮助下的碳钯键质解是该串联反应的关键步骤。

（4）从联烯合成恶唑烷酮。在二价钯催化和溴化锂存在下，发展了一类联烯 N-对甲苯磺酰胺基甲酸酯和丙烯醛的串联的环化-偶联反应。反应高区域选择性地一步得到了以醛为官能团的 2-恶唑烷酮。其机理包括联烯的分子内氮钯化、烯烃插入和碳-钯键的质解。

（5）从炔烃合成恶唑烷酮。从炔烃的分子内氮钯化启动，经过烯烃插入以及新生成的碳-钯键质解一系列的串联反应，可以高化学选择性和高立体选择性地得到恶唑烷酮、咪唑烷酮或者丁内酰胺。溴离子和氯离子得到了相同的结果。

进一步地，他们通过卤钯化启动和氧化断裂淬灭的反应，在二价钯催化下，从 N-(2', 4'-双烯)炔酸酰胺生成 α-亚烷基-γ-丁内酰胺。设计该反应是基于贫电子炔烃的卤钯化，然后氯化铜使得 π-烯丙基钯发生氧化断裂，研究还发现增加氯化锂的量可以大大提高反应的速度和得率。

  从20世纪90年代，陆熙炎小组的工作主要是发现并发展多种抑制β-H消除的方法，从而避免引入副反应或副产物。他们发现，有配位能力的配体通过填满形成β-H消除所必需的金属空配位而抑制β-H消除，使反应更有效和选择性更好；通过控制β-H消除反应，能够使过渡金属催化的反应更多样化。这些发现是在对过渡金属的基元反应深入研究的基础上取得的，同时也是对基元反应的重要补充，大大丰富了金属钯化学的内容。

第十章
人才培养与谱系传承

截止到 2010 年，陆熙炎课题组毕业的研究生人数是全所最多的，其中硕士 13 人、博士 30 人，而且这些研究生都由他亲自指导，他从不与人合带，从不挂名。他培养的博士研究生中有 3 人获得中国科学院院长奖学金特别奖、1 人获

图 10-1　2010 年有机所建所 60 周年合影
（左起：涂永强、沈琪、杜灿萍、陆熙炎、王梅祥、马大为）

全国百篇优秀博士学位论文奖。通过培养学生，他将自己对研究的理解传递给下一代研究人员，特别是将有机所的传统传承下来。不仅如此，通过对 OMCOS 的倡导，他还带动了中国金属有机化学的深入发展。

信任与启发：从"要我学"到"我要学"

陆熙炎坚持认为，信任学生是师生关系的基础。他认为人与人之间是必须彼此信任的，如果你不相信学生，这个学生肯定做不好工作。但要学生把工作做好，首先必须使学生信任你。

> 这时，你的一举一动就非常重要。如果你某些言行得不到学生的信任，学生很难再信任你。这一彼此信任的关系不是一朝一夕可以达到，但我认为信任是培养学生工作中很重要的一个环节。

在信任的基础上带研究生，他认为很重要的一点是把"要我学""要我做"变成"我要学""我要做"，只有研究生自己想要去探索这个奥秘，才有可能取得进展，这也是导师的责任所在。"我们就是要培养学生探索自然的兴趣，而绝不能停留在发文章这一副产物阶段，更不能把学生当作打工者。"

那么，陆熙炎是如何让学生从"要我学"变成"我要学"的呢？陆熙炎以庄长恭提出的四会为例，鼓励学生要读、想、做、写。自从黄维垣引入美国的累积考试制度以后，陆熙炎和陈庆云一直负责有机所研究生的培养工作，坚持通过累积考试制度来培养学生阅读文献的能力，不仅让学生在专业知识上打下牢固的基础，而且在学术研究上训练基本的获取和分析文献的能力。陆熙炎和陈庆云负责研究生的累积考试达 20 年之久，直到 1998 年才交给其他人员负责。上海有机所的研究生一般都能阅读大量文献，形成良好的科研习惯，这与累积考试是分不开的。有了阅读文献的习惯和分析文献的基础，学生才会主动思考科研问题，这是从"要我学"到"我要学"的第一步。

陆熙炎认为，只有在读和想了之后，才会对自己研究生期间的工作有自己的看法，而不是简单一句"导师让我这么做的"。因此，陆熙炎在招收学生进来后，会给学生介绍自己的研究领域以及此前的学生所做的工作。学生张兆国认为，只有真正了解导师的研究领域，并在导师已有的研究方向上继续研究，才会有更深入的发现。

每个教授都有自己的研究方向，如果一个教授没有课题，指望学生带课题来做研究的话，那是非常荒唐的事情。所以我们的课题肯定是导师跟你讨论的，当然是导师的研究方向，不是说学生想做什么。我刚做他学生的时候，陆先生就介绍了他当时研究的情况。那个时候他做钯催化的反应，反应已做出来，但是机理上研究得不是太清楚。我实际上是在他这个研究的基础上继续深入研究。①

有机所的学生第一年入学后，不会立刻选择或分配导师，而是经过一个学年的学习，把基础打扎实了，对有机化学和不同课题组有了充分的理解之后才开始选导师。陆熙炎的学生刘国生认为这种方式可以让师生之间充分沟通和了解。

陆先生一直坚持有机所的原则，我们有机所的学生一般进来以后，第一年是上课，以后第二学期通过半年的交流以后才决定选导师——学生去哪个课题组，老师选哪个学生。陆先生一直坚持，应该有充分的了解以后才来确定这个关系。如果放在刚入学的第一个学期，这样太仓促了，学生不能很好地了解老师，学生也不能很好地了解课题组。这样的话，就很难达到非常好的状态。这就是为什么陆先生一直坚持最后才定学生的原因。②

朱国新当时选陆熙炎做导师，也是因为通过了解，对陆熙炎能在五十

---

① 张兆国访谈，2015 年 7 月 25 日，上海。资料存于采集工程数据库。
② 刘国生访谈，2014 年 11 月 9 日，上海。资料存于采集工程数据库。

岁时进入一个全新的领域并作出成就而感到敬佩。

选择陆先生的主要原因在于我非常敬佩他。他这代人金属有机化学完全是自学的，他原先做的铀萃取在当时非常热门，而且他做得很成功的东西并不是他所谓的强项。在这样的年龄段进入一个新的领域，而且能够在国内做得非常成功，这点对我的吸引力很大。他有能力随时进入一个新的领域，而且证明自己能够做出很好的结果。对我来讲，最吸引我的就是怎么做独立研究，陆老师的经历告诉我，一旦对某个东西感兴趣，就钻研下去，是可以开拓一个新的领域并把它做好的，并不需要建立在你以前的历史基础上。①

为了让学生真正做到"我要学"，至关重要的一点是导师要坚持教学目标，即培养学生探索自然的兴趣，而不仅仅是发文章，发文章只是副产物。有机所老一辈研究员，从黄维垣、戴立信到陆熙炎都一直坚持这一点。而且，为了让这一原则更好地贯彻下来，有机所也从不把发表论文设定为毕业条件，即研究生不需要发论文也能毕业，不仅是硕士生，博士生毕业也没有规定要发表论文，这在全国是极为罕见的。这个传统从汪猷开始，一直保持到现在。为什么这么做呢？因为有机所认为培养学生的能力是第一位，发表文章是副产物。

这是一种自信。陆先生说做研究是为了把某个问题弄清楚，成果出来了，文章就跟着出来了，所以根本不愁学生不会毕业。不是说没必要发文章，而是说发文章是早晚的事情。只要你工作做了，发文章是顺带的事情。②

雷爱文清晰地记得一个场景——陆熙炎在金属有机课程考试的现场笑眯眯地告诉大家，其实没有必要考试，学习是自己的事情，而不是考给老

---

① 朱国新访谈，2014年10月31日，上海。资料存于采集工程数据库。
② 刘国生访谈，2014年11月9日，上海。资料存于采集工程数据库。

师看,这也就是陆熙炎所讲的"我要学",而不是"要我学"。

1996年5月,陆先生来金属有机课考场巡视,主要是担心试卷有问题。来了以后,他笑嘻嘻地跟我们说,"你学了多少就是多少,你考试考得好,你也不会再碰它了;你考得差,也不会让你来补考了。学习这个东西就是你自己的。"①

除了庄长恭提到的四会,陆熙炎还扩充了一点——"讲"。他认为,"写"跟"讲"是同一个类型,"写"不是写出来就可以了,要写得其他人能看懂;"讲"也是一样的,要讲得其他人听得懂。陆熙炎认为,通过在组会上让学生讲,除了能激发学生思考,还能教会学生如何清晰地表达。陆熙炎的研究小组每个星期都有组会,他希望学生不仅能看懂文献,还能讲出来,并且能让其他人听懂。因此,学会表达在陆熙炎看来也是非常重要的培养环节。

从"要我学"到"我要学",在学生朱国新看来,其实是陆熙炎给了学生更大的自由度,让学生自己有能力和眼界去判断已知和可探索的未知。

我觉得这很重要,他给你足够的自由度。作为一个研究工作者,你必须判断出什么东西是在进一步……"要我做"和"我要做"这个东西,就是让你首先理解今天什么是已知的,至少是理解在他的研究领域里什么是已知的,然后希望你花时间做的东西不仅是未知,而且这个未知是下一个台阶的未知。他不具体告诉你应该做什么,他的工作很系统和延续,他让你了解这个组过去几年做了什么事情,更多地激励你去理解组内的东西、组外的东西,知道什么是已知的、什么是未知的,然后你再决定把你的立题往未知的方向走。这个也许对有些人是一个挑战,对有些人是一个自由,我还是比较享受这个自由的。②

---

① 雷爱文访谈,2014年11月9日,上海。资料存于采集工程数据库。
② 朱国新访谈,2014年10月31日,上海。资料存于采集工程数据库。

氛围与熏陶：研究组会上争粉笔

除了将"要我学"变成"我要学"，陆熙炎坚持要使一个小组有活力、有生气，必须使小组的同学们关心彼此工作。在讨论别人的工作时，每个人都应该全心全意出主意、想办法，这是一个很好的锻炼机会。

为了保持小组的活力和生气，让小组成员互相了解、促进并激发彼此的工作热情，他采取开组会和交月报两种方式。通过交月报这种形式来总结工作似乎不足为奇，但是陆熙炎小组的特别之处在于月报不是交给导师看，而是将所有同学的月报汇集起来传给每个人看。这种方式让同学们受益匪浅，不仅对自己严格要求，对其他同学也有启发。

陆熙炎小组的组会不是简单的工作汇报，而是真正的思想交锋。在组会上因激烈讨论而争着要拿粉笔来表达想法的一幕，构成了学生们共同的美好记忆。

> 当年，我们每个礼拜要开一次组会，每次组会我们要轮流讲工作、讲文献，当时陆先生讲得最多的三个字就是what、how and why。有几次开组会的时候，讲文献讨论机理，有人在上面讲，其他人认为不对，上去把他推下去，然后自己在上面画反应机理图。后面，我认为他也不对，就上去写；到最后陆先生说你们都不对，他自己跑上去画。我到现在都一直清清楚楚地记得那个场景……鼓励并营造自由开放的学术讨论环境，这是陆先生培养我们、教育我们的一个特色，我觉得这是他很值得称道的教育风格。①

为什么陆熙炎小组的讨论氛围如此热烈、如此有生气和活力呢？在学生看来，这种激烈的氛围是被陆熙炎的质疑精神带动起来的。

---

① 雷爱文访谈，2014年11月9日，上海。资料存于采集工程数据库。

他本人对研究结果的可信性要求很高。对他人发表的结果，他会去 challenge 这个是不是可能发生，然后为什么这样发生。另外一点，他非常鼓励互相之间的争论，让这个讨论变得非常的互动，而不是说一个人在讲、一个人在听……这个是非常重要的，一种氛围，一种信任，而不是变成个人化的，更多的是对事实的一个争辩。①

为什么陆熙炎小组的组会能够讨论得如此热烈，月报能够得到充分交流，而且通过争论能够产生许多新的想法呢？这与陆熙炎始终坚持做一个研究方向而且做得深入、让已经有基础的学生帮助新进的学生有关，这样既能从导师那里得到理论指导，又能受到实验方法上的帮助和合作。

正是因为陆熙炎研究工作的连续性，才使得后进入领域的学生也可以在已有的坚实基础上做出更加深入地探讨。

陆先生做的是延续性工作，不是短平快的。有的研究工作，你一看就知道是陆先生的，因为他不是一篇文章发完以后，这个工作就做完了。他不断地在这个工作的基础上延伸、继续深化，所以很难用一篇文章来衡量这个研究小组，你要看过去几年的工作。他的工作内容都是衔接的，但是因为每个研究生都是要毕业的，所以在这个衔接过程当中也建立了一个很好的培养机制，就是让前面即将毕业的人带着新进来的人，互相的工作都是建立在前面这个人的基础上，使得他这个研究系统不断地再深化。②

---

① 朱国新访谈，2014 年 10 月 31 日，上海。资料存于采集工程数据库。
② 同①。

严格与谨慎

陆熙炎对学生要求之严格，不仅在有机所出了名，在全国也是出了名的。一提到陆熙炎，有机化学界都知道这个教授很厉害，对学生要求很严。"但是他对学生要求严格，不是无原则地对你过分要求，不是苛求，而是对研究结果的真实性的追求。我觉得在我碰到的中外教授里，他应该是非常突出的一个。"学生张兆国如此评价。

陆熙炎每年最多招两个学生，大多数情况下只招一个学生。有机所规定，每个研究员所带的学生一般不超过 8 个，陆熙炎所招学生数通常是低于这个平均数的，这样他同学生就有更多的接触机会。

陆熙炎对学生严格要求，源于他对科学研究的严谨态度。陆熙炎办公桌的电脑里，一开机便会出现几个大字——"战战兢兢，如临深渊，如履薄冰"。这是他一生研究工作的写照，是对自己的严格要求。如前文所述，陆熙炎开始独立进行研究工作后，受汪猷的影响很大，特别是汪猷强调的严格、严谨和严密。陆熙炎在每一项研究以及研究工作的每个阶段中都坚持这种态度。

> 陆先生要求做到结果完全可信……他不会留有任何余地让你去说他这个研究结果是模棱两可的，这个结果必须是你说是一且必须是一的东西。陆先生经常会要求我们重复试验。我们做的工作是延续性的，如果前面第一篇文章的结果有问题，那第二篇文章很难出来，因为第二篇文章是建立在第一篇文章基础上的；一样的道理，如果我走了以后，后面的人接着做，如果前面人的工作有问题，后面这个人是做不出来的。所以这个延续性是促使你研究结果不能有问题的另外一个手段。①

---

① 朱国新访谈，2014 年 10 月 31 日，上海。资料存于采集工程数据库。

不仅如此，朱国新还笑言他是学生里面比较特殊的一个，整整在陆熙炎眼皮底下过了四年。因为他读研究生时，实验室比较紧张，陆熙炎没有独立的办公室，就坐在实验室通风柜边上的桌子上办公。学生刘国生也赞同，导师陆熙炎不容得自己和学生有任何马虎，只要有错误他就会说出来，"你不应该这样做，事实上是什么样的就应该什么样，陆先生非常坚持原则，对学术要求非常严格，这一点作为老师来说是非常好的。"[1]

对于陆熙炎在学生培养的各个环节上体现出的严谨，和他一起在有机所研究生部工作的李方琳有着更直接的体会：

> 因为学生们总是要做很多化合物，每个化合物都有不同的分析数据，陆先生要求学生汇报这一段时间做好的工作，另外要求学生将实验数据全部要列出交上来，以便于他自己计算这个数据是不是对。所以，陆先生做事情非常认真。另外，金属有机方向的学生们我们去送审，他们很怕陆先生。为什么？他非常仔细，不仅看大方向，小的细节也会核实。他评审评语写得并不是非常多，但很切中要害，他要求学生给他非常好的回答。陆先生还要求我们把论文评审中所有导师的意见都抄写一遍，这样学生就不知道这个意见是谁提的，真正做到背对背。[2]

诙谐幽默　讲课如评弹

从接触金属有机化学开始，陆熙炎便一直讲授金属有机化学研究生课程，多次被评为优秀研究生导师，并被中科院授予"杰出贡献教师"荣誉称号。听过陆熙炎授课和报告的人，无不感叹他风趣的语言和简洁清晰的思路。

---

[1] 刘国生访谈，2014年11月9日，上海。资料存于采集工程数据库。
[2] 李方琳访谈，2015年7月26日，上海。资料存于采集工程数据库。

陆熙炎对上课很有兴趣，而且乐在其中。他认为要把课讲好需要想办法，一个概念如果听众想不通，就试着用一个很通俗的例子去讲，如果这么做之后，学生或者听众能懂了，陆熙炎会感到很高兴。

比如说金属有机有一个反应，是要先跟金属配位，然后插入后面的反应进行。我讲课时举例说，比如说你们等一下去吃饭，有许多人排了队，有一个人拿一个碗看见一个队伍里认识的人，就跟他谈话，饭碗敲敲来讲话，这就是配位；等一下糊里糊涂插进去了，这个就是插入。我用这个来让人记得先配位、后插入的问题。[1]

对于讲课，陆熙炎有自己一套独到的方式。因为他是苏州人，喜欢听评弹，他将评弹里的关键手法用到了讲课中。

评弹的听众不一定每天都来听，所以前面十分钟总是总结以前的东西。我觉得上课很重要，你开始讲的时候，也许有的同学上一次没来听，也许有的人听过也忘记了，你要花几分钟把以前的东西概括一下，这个是我从评弹里学来的。[2]

朱国新记得，陆熙炎的课堂里经常爆出笑声，这与陆熙炎对待研究工作严谨、对待学生严厉的形象形成鲜明对比，而且很多学生正是因为听了陆熙炎的课程，被他的幽默风趣所吸引而加入他的研究小组。

很多人都感觉他是一个非常严厉的人，他对待研究工作和研究结果是不容含糊的——是就是、不是就不是，但是他在上课的时候，课堂里面经常有笑声，我想这也就证明了这个人的风趣，我觉得这一点是很多人很难做到的。[3]

---

[1] 陆熙炎访谈，2015年7月25日，上海。资料存于采集工程数据库。
[2] 同[1]。
[3] 朱国新访谈，2014年10月31日，上海。资料存于采集工程数据库。

陆熙炎在讲课时，除了以非常风趣的方式表达之外，更重要的是他用非常简洁的语言来描述一个比较复杂的科学现象或问题，这才是真正吸引学生和听众的地方。雷爱文坦言，因为讲得精彩，他听陆熙炎的金属有机化学课程时"一分钟都没有开过小差"。

我现在还记得陆先生给我们上金属有机化学课的场景。陆先生的每一堂课都十分精彩，我从头至尾都认认真真地听，一分钟都没有走神过。他记忆力特别好，每讲一个知识点，就会融入很多相关的背景故事，这些故事有些是他经历的，有些是他看的，有些是他听的。注重融会贯通，做到学以致用，陆先生给我们树立了一个标杆。①

潜移默化　师门传承

陆熙炎的学生在指导后续的学生或者带领团队时，依然沿用了陆熙炎指导学生的方式，用陆熙炎学生的话来讲，这叫熏陶，虽然说不清、道不明，但是却深入内心。有的学生虽然没有继续从事基础研究，但是跟随陆熙炎期间学到的思考和表达方式，依然对他们日后的工作有不少益处。

张兆国目前在上海交通大学工作，他谈到陆熙炎指导学生的独特之处也影响了他组织研究团队的方式。

陆先生对我有很大影响，所以我带学生也是比较严格的，跟其他老师比绝对不轻松。我们化学系书记跟我说学生怕我，我说我对学生也没有什么特别严格的要求，时间上我们没有规定你早上必须几点钟到、晚上几点钟走，陆先生也从来不规定。因为这些都是你自己的工

---

① 雷爱文访谈，2014年11月9日，上海。资料存于采集工程数据库。

作，是你自己读书。陆先生以前跟我们经常讲："读书对你来说更重要。如果讲利益的话，你做好了，对导师有好处；但是你做不好，对谁的坏处更大呢？显然是你自己。你好好地做研究，学会好的研究方法，你终生受益。"我们记得这一点。所以在带学生方面，他对我起了很大的作用。①

雷爱文在组建实验室、带学生之后，对陆熙炎所倡导的从"要我学"到"我要学"以及"不把学生当劳动力"体会特别深刻。他刚从国外回来组建实验室时，在管理上对学生特别严格，结果却适得其反。陆熙炎的"一通批评"让他彻底转变了思路。

> 陆先生对我的教育一直持续到我独立开展工作。他教育我说：不要总让学生感受"要我做"，而要学生形成"我要做"。以前实验室的公共事务学生们不管也不愿意去负责，因为那个时候我没有挖掘学生们的"我要做"的潜力。现在实验室什么事情我都不用亲力亲为地去操心，将公共事务下放给学生去独立运营管理。现在实验室的学生说，这个实验室是他自己的、这个平台是他自己的，做自己感兴趣的事情是为了自己的前途、为了自己的事业，所以他们会维持好这个平台。②

朱国新毕业之后到美国宾州州立大学从事博士后研究工作，后进入美国礼来公司（Eli Lilly & Company）从事研发管理工作，他反复提到在有机所的几年对他职业生涯影响很大，一方面是从中学会了如何在一个领域内取得突破和进展，另一方面是学会了如何表达和说服其他人。

> 我不觉得我学会了钯化学和方法学是我找到工作的原因，更主要的是怎么看一个科学问题、怎么去阐述、怎么去说服别人，这些东西比你的专业知识更重要。我在1998年进公司的时候，钯化学只是其中

---

① 张兆国访谈，2015年7月25日，上海。资料存于采集工程数据库。
② 雷爱文访谈，2014年11月9日，上海。资料存于采集工程数据库。

一个手段,并不是我每天工作需要做的事情。重要的是怎么样成为一个研究人员,而不是说你研究的具体内容,具体内容只是一个手段和方法。包括在宾州大学时的合作导师张教授,他是一个生物无机教授,我知道他的研究领域,所以就在他的研究领域下面寻找一个我能发挥作用的地方。这点让我想到陆先生,他也是给我一个平台,让我知道过去的历史,希望我在这里突破。但他并没有告诉我明天应该做什么、下星期应该做什么,他只是告诉我现有状态和他希望下面是不断往前推进的这种方式。其实我现在要做的工作和我在有机所做的研究工作基本没有关系了,但是独立研究的理念,作为一个科学工作者怎么做独立研究,然后怎样和人交流,让一个不在你领域的人很快能够听懂你在讲的东西,这些技巧我都得益于陆先生。到今天为止,还是经常可以想起他讲的这个话——你就要假定你的听众什么都不知道,怎么样以最简洁的方式、以最普通的语言把它表达出来。[1]

王梅祥感叹,陆熙炎留给年轻后辈的除了他在有机化学领域的造诣,还有他通过科学研究训练出来的认真严谨的做事态度。他一直谨记陆熙炎对元素分析的强调,他要求学生一定要学会做元素分析,对于元素分析的结果坚持"对的不一定对,不对的一定不对"。

随着物理、化学和分析化学技术的不断发展完善,有很多的测试表征越来越快,但是常常出现很多问题。我要求我所有的学生特别是刚刚进实验室的新学生必须学会化合物的分离纯化,并且一定要做元素分析。现在没有多少人会这么干,我有一个非常传统的脑袋,应该说是陆先生和黄先生给我的,是他们这一辈老先生教给我的。陆先生专门引用汪猷先生所说的话——"元素分析结果是对的话,也不一定说明这个化合物的结构就是对的;当然如果做出来不对,那肯定是不对的。"这个话是非常有道理的,所以我要求学生必须做元素分析。

---

[1] 朱国新访谈,2014 年 10 月 31 日,上海。资料存于采集工程数据库。

图10-2 2000年雷爱文毕业时,陆熙炎小组全体成员合影(左起:许蔚、张庆海、刘艳云、陆熙炎、杜亦枢、雷爱文、张兆国、刘国生、韩秀玲)

既培养了学生的分离纯化能力,又可通过元素分析知晓其元素组成,这个是非常关键的东西。基本功必须要做……陆先生交给我们怎样做真正的、正确的科学,做严谨的科学。①

陆熙炎一直强调,只有把科学研究做得深和精,才能够有新的发现。

学生雷爱文感叹,陆熙炎研究做得深和精并能做出新的发现,与陆熙炎对学术判断的自信和坚持有关,"他对自己很自信,不会因为别人的观点而影响自己的判断。他有科研的判断,这是他的坚持,不会受到各种各样因素的影响。"

---

① 王梅祥访谈,2014年6月26日,北京。资料存于采集工程数据库。

知识普及与倡导科学方法

2012年5月12日，上海有机所举办2012年度公众开放日科普活动，主题为"绚丽多彩的化学世界"，陆熙炎以"化学使我们的生活更美好"为题做专题报告。他结合生活中的实例，诠释了化学对人类衣、食、住、行的贡献，并对大家提出了热爱化学、认识化学、用化学创造我们更加美好的生活的殷切期望。陆熙炎先从水的三相变化开始，引出什么是化学现象。他以植物染料茜草为例，说明问题的本质是弄清楚染料的结构和颜色的关系，知道了染料（物质的分子）中原子的组成和排列，弄清了结构后，就可以知道为什么具有茜红结构的分子是红色的、具有靛蓝结构的分子是蓝色的。经过长时期的积累，基于千百种染料结构的了解，化学家们就知道了什么样的结构可以得出什么颜色的染料。知道了结构和染料颜色的关系后，人们就可以用人工方法把原子组合起来（合成化学）得到不同的结构，合成出天然染料所没有的颜色，使我们的染料世界更多样。为了让报告更加贴近公众，陆熙炎还自己拍照制作素材，从公众日常生活中常见的食物和经常使用的物品（如洗洁精、沙拉等）入手，介绍其中的化学原理，让知识和原理变得浅显易懂。

陆熙炎对"什么是化学？"有个很巧妙的回答，即 Chemistry = Chem + is + try，他坦言这个说法来自于国际学术交流。简单的"说法"不仅让听众印象深刻，而且成为许多高中化学老师向学生讲授化学课程时经常列举的范例。不少高中化学课程的教学课件上写

图 10-3　2012年，陆熙炎在有机所作"化学使我们的生活更美好"的科普报告

着"中科院院士陆熙炎先生的回答十分巧妙，创意独特而令人印象深刻：Chemistry=Chem+is+try，that is chemistry is try"。可见，这个"说法"不仅揭示出化学这门学科在方法上的基本特点，而且让学生和公众立刻能够理解化学研究的特殊性所在。

第十一章
国际交流与学科引领

前文述及，1980年陆熙炎参加第一届中日美三方金属有机化学会议，1981年访问山本明夫实验室，1983年访问卡刚实验室。除了学术会议和学术访问，陆熙炎在金属有机化学的国际交流方面做了大量工作，特别是在中日美三方关于金属有机化学的学术交流。同时，他还通过基金项目组织、学术讲座和交流等多种方式，推动国内金属有机化学领域的发展。

中日美金属有机化学会议

中日美金属有机化学会议由中国、日本、美国三国发起并轮流主办。从1980年6月第一届中日美金属有机化学会议召开，到1989年6月7—11日第五次中日美三边金属有机化学讨论会（后因故未能举行），陆熙炎在20世纪80年代早期为中国金属有机化学领域的国际化做出了开拓性的工作。

由于条件限制，当时做金属有机或者从事有关方面的金属有机化学家并不多。1989年，陆先生作为中方主席组织筹备在成都有机所召

图 11-1 1986 年，陆熙炎在日本筑波参加第四次中日美三边金属有机化学研讨会（前排左三为 J.Tsuji，后排左四为 R.Grubbs，后排右三为陆熙炎）

图 11-2 1984 年，陆熙炎在 Santa Cruz 中日美三边金属有机化学讨论会（左起后四为 M.F.Hawthorne，右二为陆熙炎，右三为戴立信，右六为 H.D.Kaesz）

开第五次中日美三边金属有机化学讨论会。因各种原因未能召开。但是，从此前的会议和推动它持续下去的想法上来看，老一辈科学家在金属有机领域的工作推动了中国学者走出去、国外学者走进来，促进了互相交流。那几届的金属有机会议实际上极大地推动了中国金属有机化学研究的进步……当时国家很穷，这种机会很少……另外，当时学者的外语能力普遍差一些，陆先生还要给参会者做翻译，任务很多。①

陆熙炎的学生雷爱文曾于2014年10月28日访问日本东京工业大学资源化学有机所，这里正是陆熙炎1981年访问过的地方，雷爱文觉得特别亲切，也特别自豪。他在做报告时，主持人介绍他的用语是"这就是陆熙炎的学生"，而且还特意强调是发现陆反应（Lu's Reaction）的陆熙炎。听到日本金属有机化学领域同行的评价，雷爱文特别感慨陆熙炎在"文化大革命"结束之初，作为第一批出去学习的人，将他对金属有机化学的这一新领域的理解带回中国，其间的艰难可想而知，所需要付出的努力和决心也非比寻常。

陆先生当年把日本、美国、欧洲的金属有机化学家请到中国来上课、做报告，陆先生做他们的翻译，还和大连化物所的陈惠麟先生一起翻译专著。此后，他自己开设金属有机化学的课程并编写讲义和教材。我们现在做老师了，也经常在国际上访问，这个时候我们才知道国际交流与合作最开始建立的时候是何等的困难，要付出何等的努力。目前，中国金属有机化学领域的研究能够在国际上有一席之地，跟陆先生等老一辈科学家的努力推动是分不开的。②

---

① 席振峰访谈，2014年6月27日，北京。资料存于采集工程数据库。
② 雷爱文访谈，2014年11月9日，上海。资料存于采集工程数据库。

OMCOS 系列会议与学科引领

陆熙炎参加了多届的 OMCOS。对 OMCOS 的透彻理解，不仅对陆熙炎后来的研究，而且对整个中国金属有机化学领域把握和开拓研究方向都非常重要。

参加 OMCOS 的系列会议，让陆熙炎越发觉得 OMCOS 的核心是金属有机，而不是有机合成。1990 年 10 月 19 日，陆熙炎在有机所所庆 40 周年庆祝会上作"有机所应该而且有条件发展 OMCOS 化学"的报告，受到参加会议的研究同行的肯定。而陆熙炎在这方面付出的努力对于有机所后来的发展起到了积极的作用。

那么，如何真正做到发展 OMCOS 化学呢？陆熙炎一直强调从基元反应出发来考虑和设计新的有机合成反应。这不仅体现在前文所述的他的研究小组的工作中，还体现在他积极倡导从基元反应出发的研究思路。1992 年 11 月，陆熙炎参加第七届全国金属有机化学学术讨论会时，报告的题目便为"从金属有机基元反应设计新的有机合成反应"。麻生明在《金属参与的现代有机合成反应》一书中，专门总结和介绍了过渡金属有机化合物的基元反应，"必须指出基元反应并非是机理的分类，而只是反应的分类，便于我们学习、认识、研究和讨论，并在一定程度上预测反应的结果而已。"[①] 同一个基元反应可能有不同的机理。正如陆熙炎所强调的，基元反应是一种研究思路，不是一个机理。从基元反应出发，可以扩充思路。这正是陆熙炎小组研究金属有机化学的独特之处。

席振峰原来从事的是金属无机化学领域，从日本回来后，陆熙炎积极支持他从碳-金属键的反应和合成这个角度来研究问题，也就是导向有机合成的金属有机化学视角，并在陆熙炎的鼓励之下慢慢树立了信心。

---

① 麻生明：《金属参与的现代有机合成反应》. 广州：广东科技出版社，2001 年，第 10 页.

席振峰非常赞同陆熙炎对导向有机合成的金属有机化学的理解，赞同从金属有机化学的角度出发去做工作。从这个角度出发，研究者会关注碳-金属键的生成，关注其中的基元反应，进而更关注这个化学反应的本质、机理、反应过程以及反应过程中的中间体。不仅如此，研究者可以基于这些工作，发现一些机理，然后设计出更有效的反应。如果仅仅把金属有机用到有机反应里，研究者就有可能不太关注碳-金属键的生成，或者把这些基本的反应当成一种方法，研究工

图 11-3　2005 年，陆熙炎夫妇与席振锋合影

图 11-4　1987 年，陆熙炎参加南京大学 IUPAC 会议（左起：戴安邦、戴立信、陆熙炎、黄耀曾）

作也因此无法深入下去。正是因为如此，陆熙炎才能做出自己的研究特色。

除了 OMCOS 系列会议，陆熙炎还参加了多次 IUPAC 系列会议。这些国际会议交流，足以体现国际同行对陆熙炎研究工作的认可。

基金委重大项目与学科发展

1984 年，陆熙炎就开始参加中国科学院科学基金部的评选工作。当时国家自然科学基金委还没有成立，整个国家的基金项目都由科学院评审。即使在基金委成立后的一段时间，基金项目也由科学院评审。当时整个化学部分的项目不是很多，有机化学、高分子化学、化工、物理化学、无机化学、分析无机都放在一起评审。评审专家有陆熙炎、嵇汝运、杨士林、

图 11-5 1984 年，陆熙炎和杨士林参加基金委评议工作（左为陆熙炎）

林尚安四个人。

1986年，国家自然科学基金委员成立，陆熙炎被聘为国家自然科学基金委员会有机化学高分子学科评审组成员，是基金委第一届的二审专家，即有机化学领域的评审专家。后来陆熙炎一共担任过四届二审专家。1984年进入中国科学院科学基金部工作、和陆熙炎熟识30多年的杜灿屏认为陆熙炎在基金委化学部评审制度的建立以及促进有机化学领域的发展方面做出了许多努力。

> 陆先生这些老先生在基金委的前几届评审工作，还有基金委评审制度的完善方面做出了巨大贡献。陆先生当时站在有机化学发展的高度尽职尽责，科学、客观、公正地主持项目立项，支持了一大批高水平的有机化学项目，稳定了有机化学和研究队伍。那时，有机化学领域的基金评审都是摸着石头过河，尽管原来有四年科学院基金部的经历，但毕竟还不太一样。陆先生担任组长，做了积极的建设。[①]

在作为评审专家的陆熙炎看来，基金委当时的十六字方针对于建立公平、公正的评审制度起到了很大作用。陆熙炎第一次听到"依靠专家、发扬民主、择优支持、公正合理"的评审原则是在一次评审会上。当时的基金委主任唐敖庆对这一原则作了深刻阐述。1986—2006年，陆熙炎断断续续担任了四届学科评审组成员，亲历了许多项目申报的过程，见证了基金委对十六字原则不折不扣的执行。在基金项目评审中，评审专家可以根据事实各抒己见，对申请项目独立作出评价和判断，不必顾虑是否会得罪谁，而且基金委的工作人员对评审专家的意见非常尊重。陆熙炎认为，这种民主和谐、充分尊重评审专家的氛围是科学民主地遴选资助项目的重要保证，当时评审专家们称这是一片净土。[②]

1992年，基金委设立资助优秀中青年人的专项基金，陆熙炎参加了评审工作。他认为这一类型的项目很好地贯彻了十六字评审原则。后来这项

---

① 杜灿屏访谈，2014年6月27日，北京。资料存于采集工程数据库。
② 陆熙炎访谈，2015年7月25日，上海。资料存于采集工程数据库。

基金发展为国家杰出青年科学基金，实行至今。他深深体会到中国的年轻科研力量在科学基金的资助下有了飞速的增长，一批优秀的青年科学家脱颖而出。陆熙炎认为，科学基金资助绝不止于一般的科研经费支持，更对中国的科学发展和人才培养起到了重大的作用，这是有目共睹的。陆熙炎还记得，在国家杰出青年科学基金的设立目的上，评审专家展开了激烈的讨论，最后一致认为这项基金是为了鼓励"举人"成才，而不是奖励"状元"，应该通过它资助并激励有潜力的年轻科研人员，让他们最终成为"状元"。

> 当时整个政策上最大的一个问题是推动年轻人的工作。我记得很清楚，刚刚有杰青……那个时候我们就讨论，杰青到底起什么作用？评委里面就强调一点，杰青不是一个状元、是个举人。发现这些人还不错，给他资助，让他做出更好的工作，能够达到状元的水平。我觉得这个概念很重要。[1]

陆熙炎在基金委成立20周年的纪念文章里提到，他既参与科学基金项目的评审，是十六字评审原则的执行者；又多次获得科学基金资助，是十六字评审原则的受益者。从1986年开始到2006年的近20年中，陆熙炎先后获得8个面上项目、1个重点项目，参与了2个重大项目。陆熙炎研究小组的工作一开始便定位于导向有机合成的金属有机化学（OMCOS）这一研究方向，在科学基金的支持下，研究工作得以持续进行并取得一定成绩。最使他难忘的是，在他们的研究工作起步不久，基金委就支持他们到美国、加拿大考察金属有机化学研究情况。以后每隔一两年，陆熙炎就有一次出国参加国际会议的机会，并从中学习到很多东西，这大都来自科学基金的资助。

陆熙炎在参加的第一个重大项目——"七五"重大项目中，负责研究金属有机化学的合成、构型和反应原理。1991年10月，陆熙炎组织基金

---

[1] 陆熙炎访谈，2015年7月25日，上海。资料存于采集工程数据库。

图 11-6　1991年，陆熙炎参加基金委重大项目考察时访问 H. C. Brown（左起：陆熙炎、H.C.Brown、沈延昌、杜灿屏）

图 11-7　1991年，陆熙炎参加基金委重大项目考察时访问加拿大Toronto大学（左起：王积涛、陆熙炎、M.Lautens、×××、×××、沈延昌）

第十一章　国际交流与学科引领

委"七五"重大项目出国考察团去加拿大和美国访问，成员有王积涛、沈延昌及杜灿屏。陆熙炎觉得收获很大。

在杜邦时，谈到在金属有机反应中二氧化硫的插入反应还研究得不多。而磺酰脲是一类重要的农药，如果将酸雨中的二氧化硫利用插入反应合成有用的农药，将是多么吸引人的想法！数年后又接触到某一公司，他们给我们的题目就是如何把芳胺接到蒽上去合成染料类产品。当时Buchwald和Hartwig的胺化及醚化反应还没报道。现在回忆有机所总结过去的经验是"基础促应用，应用导基础"，真有深奥的意义。[1]

和陆熙炎一起去考察的杜灿屏清晰地记得考察期间行程安排的紧凑以及陆熙炎对工作的投入，"陆先生那时60多岁了，不怕苦不怕累，跟人家交流，谈得很投机，晚上回来以后再讨论、写报告。"除了访谈期间对国际学术界的了解、沟通和交流，令杜灿屏印象深刻的还有陆熙炎发现的陆反应在国际上的影响。

我印象最深的是我们到斯坦福大学交流。一开始大家交流很平静，因为都不熟。聊了一会儿以后，国际学者看陆先生的眼神就不一样了，因为他们知道原来陆先生就是陆反应的发现者，而他们让学生做实验时用的就是陆先生那个方法。另外，我们在普渡大学参观了实验室，那时候布朗发表了1111篇文章，他让我们参观并邀请陆先生和我们到他家里去，一般人不太会请你到家里去的。[2]

通过这次考察，陆熙炎对国际上金属有机化学的发展有了宏观的认识，特别是同斯坦福大学的 C. P. Collman 及 B. M. Trost 的交流，使陆熙炎对二价钯催化的金属有机化学有了新的认识，"这对我们的工作迈上新的

---

[1] 陆熙炎：八十年一瞬间。见：中国科学院上海有机化学研究所编，《陆熙炎院士八秩华诞志庆集》，2008年，第21—24页。内部印刷资料。

[2] 杜灿屏访谈，2015年7月25日，上海。资料存于采集工程数据库。

台阶大有裨益。"

2004 年 9 月，国家自然科学基金委化学学部在宁夏组织召开了有机化学学术与战略研讨会，陆熙炎在会上作了发言，探讨了做研究工作的几点体会，作为组织者的杜灿屏感叹：

> 每次研讨会，老中青三代科学家在有机化学这个大家庭里畅谈我国有机化学的发展和未来，老一辈科学家谦虚谨慎、脚踏实地的作风和高瞻远瞩的眼光以及年轻一代朝气蓬勃的面貌和锐意创新的精神都给人们留下了深刻的印象。

倡导绿色化学

刘国生在谈及陆熙炎对研究的把握以及对他研究方向的指引时，认为陆熙炎在金属有机化学领域为推进钯化学的进展做出了巨大贡献，而陆熙

图 11-8　2003 年，陆熙炎在上海交通大学作报告

第十一章　国际交流与学科引领　*135*

炎研究钯化学的出发点便是绿色化学。

钯化学有一个特点，即钯容易还原变成零价钯。先生一直在想是否不加氧化剂实现钯催化的反应。因为这是从绿色化学出发的要求，先生在化学的方向性方面把握得非常好……大众一说到化学就想到污染。化学其实并不是污染的问题，如果我们把它做好，是非常有用的。研究绿色化学，尽量不产生或减少废产物（废气、废水、废渣）是化学家应有的责任。先生一直告诫我们，做研究的时候要朝这个目标前进。因此，先生一直在考虑如何让二价钯在反应里面循环。他发现了很多方法，比如通过加吡啶抑制 β 攫氢，形成二价钯循环。这些研究推动了整个钯化学乃至整个金属有机化学领域的进展。[①]

陆熙炎不仅将绿色化学作为研究目标，还在不同场合积极倡导。2003年4月16日，他在上海交通大学化学化工学院作"绿色化学中的原子经济性"学术报告。在参加宁夏组织召开的有机化学学术与战略研讨会上，陆熙炎重点强调了化学对于人类生存的重要性。

基础与应用，出成果与钻问题

陆熙炎在80岁生日答谢会上提到，虽说他从事科学研究已有57年，但由于各种原因，真正从事研究的时间不过40年左右，其中研究方向多变。陆熙炎1951年到有机所后，跟随梅斌夫做麻黄素的分离工作，1952年开始做链霉素的研究，然后是核燃料萃取剂和胰岛素研究的国家任务，"幸运的是1978年以后总算没有大变。"从1981年开始，陆熙炎开始选择做自己喜欢的方向和领域。

---

① 刘国生访谈，2014年11月9日，上海。资料存于采集工程数据库。

我不是一个聪敏过人的人，我基础不一定好，我没有任何学位，没有长时间出国留学，在我青年有为时期又失去了工作的好时机，直到五十岁以后才真正开始在一个领域专心工作。与现在的年轻同志相比，实在太羡慕他们了。

正是因为研究方向多变，在学术研究的个人兴趣和国家任务之间关系的问题上，陆熙炎赞成汪猷关于两个口袋的观点，即基础研究要有，应用研究也要有。不过，在做应用研究之前，要考虑化学的基础问题是什么，从学科的问题来谈学科的发展。

对基础研究具体方向的把握，陆熙炎认为要注意国家的实际状况。1981年，陆熙炎在山本明夫实验室访问时，山本明夫从陆熙炎处得知中国在从事生物模拟固氮酶研究，便建议先不要做固氮，可以研究一氧化碳和二氧化碳，因为当时已经可以从氮气工业上合成氨了。而对于二氧化碳和一氧化碳如何应用到化学工业，还没有人做成过。听到这个建议后，陆熙炎体会到即使是做基础研究，也要从中国的工业实际出发。

至于选题的动机，他认为仅仅为了发表论文而不仔细考虑研究工作的价值是很不好的现象。陆熙炎提出要将引用变成应用，一项研究的价值就在于有没有人应用其中的方法和成果，以前用"引用率"来评定，陆熙炎认为"应用率"更能够看出研究工作的价值。因此，他认为研究工作要先考虑国家需求，再考虑研究热点，然后考虑个人对这个领域的兴趣，最后才考虑和领导的意见是否相符合。陆熙炎以做稀土研究和化学模拟生物固氮两项研究为例，说明他们当时做研究时根本没有事先考虑发文章的问题："当时我们没有想到做固氮要出成果，就是因为这个东西很重要，一般人也做不出文章。"[①]

对于科学研究中基础与应用之间的关系，陆熙炎有自己的思考。他认为，有机所的应用带基础、基础促应用很好地总结了两者的关系。有机所一直强调基础和应用两面都要抓，这也是研究工作能够持续、有生命力的

[①] 有机化学学术与战略发展研讨会会议记录.《中国有机化学发展中的记忆》，2003年7月，内部资料. 资料存于采集工程数据库.

原因所在。陆熙炎以钯化学领域的研究为例，说明基础研究和应用结合的重要性。20世纪50年代出现瓦克尔（Wacker）法，值得指出的是，瓦克尔是工厂的名字，而不是人的名字。这种方法的提出是基于工业研究中发现的问题。有机汞试剂的使用出现了环境问题，日本的研究者进而想到用二价钯来作催化剂，减少环境污染。陆熙炎感叹，日本的教授对生态问题非常有经验。日本的教授往往也是公司里的顾问，而公司也专门针对具体问题进行科学研究。这一点值得中国的研究者借鉴，应用跟基础不能分得太开，要有联系。

而应用和研究之间要建立联系，首先要做有自己特色的工作，形成体系。席振峰便非常认可陆熙炎所倡导的做有自己特色的工作：

> 陆先生这个观点对中国的未来化学非常有引导作用。陆先生他们这一辈人经历过"文化大革命"，年过半百之后才开始真正做研究，陆先生非常专注、观察敏锐，做了有特色的工作，比如陆氏反应。20世纪70年代，中国的化学研究领域，像陆先生这一辈的研究人员还是比较少的……国家最开始的评价标准看发表的文章数量。后来慢慢要求研究工作要有特色和系统性，即鼓励有特色的系统性工作。现在中国发表文章数量在国际上居第一位，我也相信这里有很多文章是非常好的，但免不了有一部分工作是在跟着别人在做，科学贡献是有的，但从研究特色、从系统性的角度可能还是弱一些。[①]

敏锐感知与坚持耕耘

二十世纪的最后十年，陆熙炎仍然奋斗在科研第一线。即使是2017年临近退休时，他依然坚持每周到有机所工作两整天。在这十多年间，他带

---

① 席振峰访谈，2014年6月27日，北京。资料存于采集工程数据库。

领为数不多的几名研究生开展了用阳离子钯配合物催化的一些反应。当国外的同行看到他作为通讯作者发表论文时,都不禁发问:"陆还活跃在研究领域?"是的,他仍然活跃着,而且所有的工作都是在他的亲自指导下完成的。他不仅关注自己的研究课题,而且对国际上有机化学学科新的研究成果相当熟悉,甚至他已经毕业的研究生们都佩服陆熙炎对学术界新进展的了解。他敏锐的观察力、超乎寻常的理解能力往往使学生们获益良多。

哪怕是在年过七十之后,陆熙炎对新事物仍然有极强的接受能力,对新技术也能很快掌握。陆熙炎坚持每天读文献,在和已经毕业的学生们交流时,经常询问学生对新近某篇文献中具体工作的看法。"我们师兄弟有时候开玩笑,说陆先生又给我们考试了,我们因为工作的原因可能还没有读到那个文献,他就已经读到了。"[1] 在计算机技术出现之后,陆熙炎便很快掌握了相应技术,张兆国感叹他在读博士的时候,陆熙炎的计算机水平比许多年轻人还要高。"因为他一个问题搞不清,就开始钻研,直到弄得很清楚。"[2] 特别是对文献的管理,陆熙炎有自己独到的方法。早期在没有计算机的时候,他对新的文献按照自己的方式做卡片来管理,后来有了计算机之后,他开始编写小程序来管理文献,虽然文献管理的工具目前很多,但是仍不及陆熙炎的方法实用。

> 陆先生虽年近90,但计算机用得很溜,他还自己创建了一个管理文献的方法,用起来非常有效……现在文献管理的软件很多,比他这个功能要强大,但是有时候太强大了,反而不如他这个实用。对新的东西,他总是能非常敏锐地捕捉到。他从来没有认为自己年纪大了,就不需要学习新的东西了,这一点很重要。[3]

陆熙炎的儿子陆海原对父亲接受新技术和新事物的能力深有体会,并认为这种能力缘于父亲做任何事情都喜欢钻研和琢磨其中的道理。

---

[1] 张兆国访谈,2015年7月25日,上海。资料存于采集工程数据库。
[2] 同[1]。
[3] 同[1]。

虽然他现在年纪大了，但他对电脑也有自己的研究。有些东西，他会问到我没有办法回答为止。最近我买了一个蓝牙，因为我妈耳朵不大好，ipad声音不响。他就问："蓝牙是什么？为什么叫蓝牙？"我说是"bluetooth，在没有WIFI的情况下，两个机器可以连接。"然后他问："为什么两个机器会连接？怎么操作？"直到我都没有办法回答。这就看出，他不仅要知道怎么连接，还想知道具体是怎么工作的。在电脑使用上也是一样。家里的电脑，他都会研究怎么装、用什么软件。从这方面，你就可以看得出他的个性。①

2008年后特别是2010年年底做了髋关节置换手术后，陆熙炎有些力不从心，幸亏有和他一起工作了20年的韩秀玲副研究员的帮助，陆熙炎得以继续在二价钯领域有所耕耘。

陆熙炎和韩秀玲带学生一段时间后，发现了一个问题——当时的文献上已有很多报道关于碳－氢键活化的报道，但真正有实际应用的很少。其原因和他们过去碰到的一样，即碳－氢键活化反应启动时用的催化剂是高价金属，而反应淬灭时仍易以还原消除或 β－氢消除而生成低价金属，因此反应时必须加氧化剂才能完成催化反应。于是，他们试图在过去研究的抑制 β–H 消除的条件下进行试验，但都没有成功。

2011年，陆熙炎的学生刘桂霞在美国完成博士后工作后回国，进入陆熙炎组参加碳－氢键活化工作。刘桂霞阅读大量文献后发现，国际上也注意到了碳－氢键活化反应中催化剂价态变化和必须加氧化剂的问题。在碳－氢键活化中，往往在底物中要有一个导向基团来提高反应在哪个碳－氢键进行的选择性。当时解决金属变成低价的办法就是在导向基团中设计一个容易和低价金属发生氧化加成的键，这样生成的低价金属就会和导向基团发生氧化加成反应而变成和反应催化剂相同的高价金属，同时生成的高价金属就能催化反应而不断循环。这种导向基团称为内氧化的导向基团。这一刚刚萌芽的思路，深深地启发了陆熙炎和刘桂霞，于是他们设计

---

① 陆海原访谈，2014 年 8 月 4 日，上海。资料存于采集工程数据库。

了一个新的具有 N-O 键的导向基团的原料（N-苯氧基乙酰胺）来研究碳-氢键活化启动反应。遗憾的是，用二价钯为催化剂时没有成功，但以三价铑为催化剂时成功完成了和炔烃偶联的产物（N-乙酰基邻羟基苯乙烯胺），值得指出的是这一反应是高度原子经济性的。工作发表后，《有机化学》杂志作为亮点进行介绍。

结　语
陆熙炎学术成长特点

传承研究传统

陆熙炎爱好写诗，喜欢用藏头诗表述情怀。1985年3月5日，陆熙炎写诗"庆四老从事科研五十年述怀"来表达对梅斌夫、汪猷、田遇霖、黄耀曾四位学术前辈对他的指导：

受业四老卅四春，教诲谆谆记忆深；
麻黄链霉学提炼，高聚金属研合成。
当学四老献身志，重任将临我侪身；
自比四老犹未老，珍惜余年当青春。

陆熙炎在进入有机所之前，并没有受过系统和完整的学术训练。有机所的研究人员对科学研究的严谨态度以及在已有的科研传统、研究方向、研究条件下探索新的方向、发现新的问题的研究方式，影响了陆熙炎的学术研究风格，特别是汪猷对待研究工作的严谨、执着和大胆。陆熙炎将在汪猷的领导下从事研究工作的时光称为"难忘的岁月"，尊称汪猷为自己的启蒙导师。①虽然陆熙炎跟随汪猷做的研究工作,如链霉素的提取、胰岛素的合成等都是国家任务,并非从自己的研究兴趣出发,但是陆熙炎从中体会到不论是基础研究还是应用研究,首先要研究结果做到令人信服,其次才能够有所创新。而扎实的基础知识,一步一个脚印,是进行科学研究的重要条件,科学研究要从基本的问题做起。研究人员不能等着各种条件都具备了才去进行大胆创新,实验条件必须自己去创造,研究者可以通过自己的努力去改变实验条件。另外,陆熙炎在帮助汪猷办《化学学报》的过程中,亦学到了科学研究的首要目的是为了弄清楚问题,而不是发表论文。

我们看到,陆熙炎在进行核燃料萃取剂的研究时,本着粗活细做的原则,不仅要分析每次合成得到的产物的功能,还去了解萃取剂的结构。虽然研究的主要目的是为了解决核燃料中萃取剂的问题,但是陆熙炎意识到真要解决萃取剂的合成也需要相关的基础研究。也正因为此,他在进行胰岛素研究时,仍然想着要自己创造实验条件进行分析和合成,在进行生物模拟固氮酶研究时,在钼的化学研究中关注的是研究问题本身,而不是出成果。除了在自己和学生的研究中贯彻和传承这种研究风格,他还通过各种机会向后来的研究者传递这种精神。

这种学术传统之所以能够保留和传承,不仅因为它是科学研究精神的内核,还与有机所早期宛如一家人的管理方式密不可分。首先是有机所领导和员工打成一片,宛如一家人。比如20世纪50年代,边伯明书记关心研究人员的生活,丁公量一到有机所就与群众同住单身宿舍。1965年,陆熙炎率领研究小组到东北的一处核燃料生产现场进行为期三个月的P-204应用试验,那时,妻子在天津出差,4岁的儿子只得全托,时任室主任的袁承业多次去探望陆熙炎的儿子。另外,有机所的机关和研究人员打成一片,如科研处有专人入驻题目组、了解情况、协助解决问题。萃取剂工作深入铀矿实践时,科研处人员也随同前往。在研究方向上,陆熙炎亦不断强调研究所应该有自己独特的研究方向,并且在这

---

① 陆熙炎:难忘的岁月——在汪猷先生领导下工作的回忆。未刊稿,资料存于采集工程数据库。

个方向上组建团队，融合团队的力量。1984年，有机所进行了研究方向的调整和整合，当时在金属有机化学方面已有好几位研究人员具有独立工作能力，有机所准备成立三个金属有机室。为此，徐尚贤书记征求意见，陆熙炎提出了"合则强，分则弱"的意见。后来，除了徐维铧成立三室从事烯烃转化的工作外，其余成立一个九室，共分四到五个小组，并延续了相当一段时期。九室先后主持了基金委"七五""八五"重大项目，为金属有机化学的发展起到重要作用。正是因为体会到研究所"宛如一家人"的重要与可贵，陆熙炎多次强调"合则强，分则弱"的理念。而且在其领导的金属有机研究室，也一直坚持做金属有机，即便他在20世纪80年代就发展出磷的催化反应，但依然坚持一个原则，即"组内同一个时期只有一个学生做磷的工作，不能有第二个学生做，因为我们是在金属有机室，要做金属有机。"如果陆熙炎多花一点时间做磷的化学，他完全有可能在有机膦催化领域做出更出色、更有影响的工作。但是，为了坚持金属有机化学方向这一原则，陆熙炎选择了放弃。

利用国际交流的契机

陆熙炎从最开始做化学模拟生物固氮开始接触钼络合物，到参加中日美三国金属有机化学会议对国际上相关工作的了解，再到山本明夫实验室和卡刚实验室访问学习，到最后参加OMCOS第二次会议，这些因素和环节凑起来，一步一步促成了陆熙炎方向的彻底转变，并且确定了此后的研究方向——金属有机化学是重点，导向有机合成是目标。

陆熙炎进入金属有机化学这一新领域后，从基元反应开始研究金属有机化学领域的基础问题，而不仅仅为了掌握合成方法，这样的研究方式和理念同他抓住了国际交流的机遇密不可分，而抓住这种机遇又得益于他对新领域的敏锐感知和已有的坚实研究基础。

陆熙炎在1980年参加中日美三方金属有机化学会议前进行的是固氮酶的工作，通过接触钼的化学，又做了一些钼络合物，并用半胱氨酸的配体来研究它的结构与性能。这项工作在1980年中日美金属有机化学讨论会上以墙报形式展出。他还从钼分子氮络合物出发，研究分子氮络合物的结构与性能。重要的是，陆熙炎在做钼的化学的时候发现了氧转移反应。那时，他已经关注到金属有机化学这一领域。正是这些出色的研究工作，才促成了陆熙炎与国际同行交流并先后于1981年、1983年到山本明夫实验室和卡刚实验室进行访问。有了这些研究基础，他才能在短短几个月迅速理解并进入金属有机化学领域，通过那种基于基元反应的思路来设计、分析和研究反应，从基元反应出发来考虑和设计新的有机合成反应；才能迅速把握住"导向有机合成的金属有机化学"这一名词的真实意义，即金属有机化学的研究目的是为了研究金属有机化学领域的基本问题，只有在此基础上才能更好地为有机合成提供方法。

山本明夫实验室和向山光昭实验室对实验操作的严格和细致让陆熙炎深受震撼，即便是普通的实验操作，他们也非常谨慎，而且向山光昭实验室的一个数据一定要做两次重复，这些都对陆熙炎此后的研究工作影响很大。

战战兢兢　如履薄冰

"我不是一个聪敏过人的人，但我从小就有一个信念，做事要一步一个脚印，而且要非常谨慎，所以用战战兢兢、如临深渊、如履薄冰来警戒自己。"[1] 陆熙炎如此总结自己的学术人生。陆熙炎办公桌上的电脑的保护屏幕除了历届学生的合影，还有"战战兢兢，如临深渊，如履薄冰"几个大字。

在整个研究生涯中，陆熙炎一直牢记汪猷的要求，即胰岛素合成中的每个片段都必须通过元素分析，对于元素分析的结构，汪猷坚持"对的不一定对，不对的一定不对"，这也体现出汪猷对研究工作的严格和严谨，特别是汪猷对科学研究可证实性的追求深刻影响了陆熙炎。他感叹"即使在今天，这句话还是很有意义的。这就是汪先生的精神。"[2] 正因为如此，

---

[1] 陆熙炎：八十年一瞬间。见：中国科学院上海有机化学研究所编，《陆熙炎院士八秩华诞志庆集》，2008年。内部印刷资料。

[2] 陆熙炎：难忘的岁月——在汪猷先生领导下工作的回忆。未刊稿，资料存于采集工程数据库。

陆熙炎在七肽合成之后，非常强调利用多种方法对产物进行鉴定，他利用元素分析、纸层析、纸电泳和酶促水解等多种方法鉴定了产物。陆熙炎在钼的化学以及后来转向的金属有机化学研究领域所作出的发现无不与他的严谨有关。

对待学生，陆熙炎容不得学生有任何马虎，只要有错误，他就会说出来，"你不应该这样做，事实上是什么样的，就应该什么样。"他对已有研究成果存疑，对每个学生的工作了如指掌，亲自核实各种数据，督促研究生对论文评阅书中的问题进行回答等，处处显现出他的严格。甚至是在上班时间上，他也坚持自己的原则和要求。30多年来，陆熙炎一直坚持将有机所研究生的累积考试时间放在周五上午。学生雷爱文笑称，因为严格，所以"陆先生脾气不大好"，许多学生都"挨过骂"，陆熙炎会纠正学生在实验或者报告中的毛病，许多学生在求学期间觉得非常痛苦，"但是我们每个人到最后跟他感情很好，我就爱陆先生好多年了。"张兆国也坦言，"陆先生即使批评了我，我也愿意跟他交流。"

陆熙炎的严格和脚踏实地不仅传递给了自己的学生，还深刻影响了下一代研究人员。王梅祥特别感叹，陆熙炎教给年轻后辈的不仅是他对学科领域的把握，还有科学研究中的严谨和认真。他一直谨记陆熙炎对元素分析的强调，要求自己的学生一定要学会做元素分析，而且认为元素分析的结果"对的不一定对，不对的一定不对"。席振峰亲切地称陆熙炎为陆爷爷，他喜欢和陆熙炎当面交流或者打电话沟通，"陆先生说话很直，心直口快，和他说话我们会领悟到一些东西，就是做研究脚踏实地、一步一个脚印，听了陆先生的话之后，我们接下来的工作会更踏实一些……他对我这些方面的影响很大。"[①]

安、钻、迷与深、精、新

陆熙炎自20世纪70年代末进入金属有机化学领域，一直从金属有机化合物的基元反应出发，发展了一些有重要学术意义和应用前景的有机合

---

① 席振峰访谈，2014年6月27日，北京。资料存于采集工程数据库。

成反应。他在90年代发现的叔膦催化有机合成反应就是早期有机催化的成功实例之一。陆熙炎自己和学生的研究都是在一个系统和主题上,有很强的连续性,并没有很多方向。这一切,都是因为陆熙炎看重研究工作的深、精、新。"陆先生做研究不跟风、不赶时髦,他说做研究工作,最重要是从不起眼的地方开始做起,一定要做深了,做深了以后,才有新东西,别人才能信服你。陆先生做研究是从基本的东西做起,而不是哪个地方热,就做哪个地方。"[1]

陆熙炎的特色是能够钻进去研究问题,并且能够解决问题。在钯化学领域中有一本书,书中列出了积累了几十年历史的88个催化反应,其中就收录了陆熙炎的几个重要反应。我们看到,陆熙炎在金属有机化学领域的深入发现都是逐步进行的,没有捷径,所谓的偶然发现也都是建立在前期的严格探讨基础上。从发现炔酮重排的反应,到发现不需要金属也能发生重排,再到研究重排反应的机理后发现叔膦催化的[3+2]反应,并从关注分子内的立体化学到成功实现环化反应拓展到不对称合成,进而发现环化反应中过量卤离子的作用,到后来又发现了双氮配体具有和过量卤离子相似的作用,但比卤离子更胜一筹,可以进行不对称催化等,这些发现都是环环相扣又逐步深入的,有极强的贯穿性和连续性,既是对过渡金属的基元反应的深入研究,也是对基元反应的重要补充,大大丰富了金属钯化学的内容,真正做到了深、精才会发现新。这也是陆熙炎在谈到研究工作时,常常用科学发现的偶然性和必然性来概括的原因。新发现看似是偶然的,其实与必然要做的深入和精细的探讨不可分割。合成方法到目前为止,全世界发现了不少,而合成方法并不是放之四海皆准的,化合物的结构变化会影响到一个方法的具体应用,合成方法很难获得普遍的使用。但是全世界范围都非常认可陆熙炎发现的钯催化的合成方法,究其原因,在于他从最基本的基元反应出发,从最基本的碳-金属键的反应和机理出发,探讨的是最基本、最深入的问题。

值得一提的是,深、精、新不仅仅是陆熙炎对待学术研究的态度,

---

[1] 刘国生访谈,2014年11月9日,上海。资料存于采集工程数据库。

他对待生活中的兴趣爱好也是如此。只要他感兴趣的事物,他都会坚持去钻研。

1970年、1971年的时候,有一个老红军,他会太极拳,我们楼里人都跟他学太极拳,我父亲包括许多住在那里的科学家都是一样。我父亲从那时候一直坚持到现在,打太极拳三十几年了,他能够坚持那么久是非常不容易的。而且他还开始研究,什么招式都会琢磨……不是赶新潮。①

从"要我学"到"我要学"

陆熙炎坦言"我对研究生教育是深有感情的"。他所指导的研究生中有多位获得中国科学院院长奖学金,1人获得全国百篇优秀博士学位论文,多人后来继续以科学研究为职业并且在学术研究领域做出了重要发现。陆熙炎长期参与有机所研究生的培养工作,有机所培养的学生在国际上都具有一定的声誉,这些都源于陆熙炎指导学生的原则——信任学生,并为学生提供富有启发和创造力的氛围,让学生从"要我学"转变成"我要学"。虽然陆熙炎并没有详细总结或明确提出要如何让学生从"要我学"到"我要学",但在对陆熙炎的研究理念及其方式进行分析之后,我们可以做出如下概括。

有机所要求学生具有优秀的实验基础,所有研究生在进入实验室之前都有一年的基础实验训练。庄长恭提到的科研有四会——会读,会想,会做,会写。陆熙炎自己增加了一条,即会讲。通过累积考试、文献报告、月报交流,陆熙炎训练学生的读、想、讲。有了阅读文献的习惯和分析文献的基础,学生才会主动思考科研问题,这是从"要我学"到"我要学"的第一步。

陆熙炎招收学生后,会给学生介绍自己的研究领域和此前的学生已经做的工作,让学生真正了解导师的研究领域,并在导师已有的研究方

---

① 陆海原访谈,2014年8月4日,上海。资料存于采集工程数据库。

向上继续研究，才会有更深入的发现。这是从"要我学"到"我要学"的第二步。

对于导师而言，为了让学生变成"我要学"，至关重要的是导师要以培养学生探索自然的兴趣为目的，而不仅仅是以发文章为目的，发文章是副产物。这是第三步。

第四步，也是最重要的一步，是要孕育积极的氛围，使一个小组有活力、有生气，让小组的同学们彼此关心大家的工作。在讨论别人的工作时，每个人都应该全心全意出主意、想办法。除了让学生交月报，互相传阅、互相交流，在陆熙炎的小组讨论会上，学生们争相表达自己的想法，这是常见的景象。我们看到，陆熙炎小组的许多新发现就是在这种争论中产生的。在这种环境中，学生们都受到熏陶，有一股做研究的劲头，能彼此受益。正如麻生明在博士论文的致谢中所言，"每周一次的新文献及每月一次的工作讨论为我们组创造了浓厚的学术气氛，使我终生受益"[1]。此外，陆熙炎教导学生不仅仅是会说，而且要说得让其他人信服，能够回应和解决问题，他对学生"讲"和语言表达方面的训练也让学生在日后的工作中受益。重要的是，陆熙炎自己的学生又将这种风格和方式传递给了他们的学生。

不唯上，只唯实

中国科学院长春应用化学研究所的倪嘉缵先生与陆熙炎有过长期密切的接触，他用"不唯上，只唯实，不跟风，不随大流"来描述陆熙炎。的确，陆熙炎在长期的学术生涯中并未担任科研管理职务，他谦虚地认为"我基础不一定好，我没有任何学位，没有长时间出国留学"，但是他不管什么工作、什么条件，都认真去做，处理事情非常坚持原则。

比如在科研经费的使用上，陆熙炎非常节约，"陆先生一直觉得我们中国没有富裕到那个程度，我们该节约就得节约。他经常跟我们说，经费要节约使用，哪怕用不完，收走就收走了。对这个社会来说是有益

---

[1] 麻生明：利用不饱和碳－碳键加成反应的新合成方法研究．中国科学院上海有机化学研究所博士论文，1990年．资料存于中国科学院上海有机化学研究所图书馆．

的。"①

在基金委组织的多次有机化学发展战略研讨会上，陆熙炎屡次倡导要将研究问题放在第一位，而不是追求研究成果。在各种不同的场合，陆熙炎多次强调绿色化学的重要性。在有机所的研究生培养制度上，陆熙炎坚持不要将发表论文作为研究生的毕业条件。张兆国也感叹，陆熙炎非常反对任何浮躁和追求名利的做法：

> 他认为一个人，你一辈子能够认认真真地做一件事就不错了，做成一点事也不要急于去炫耀，真正有用的东西，大家会去关注的。我觉得他不求名利的这种精神，尤其是对我们这一代和后来的年轻人有很大的教育作用。②

这，不正是科学的精神气质中的无私利性吗？

---

① 刘国生访谈，2014年11月9日，上海。资料存于采集工程数据库。
② 张兆国访谈，2015年7月25日，上海。资料存于采集工程数据库。

附录一 陆熙炎年表

1928 年

8 月 29 日,出生于苏州市吴县。

1933—1935 年

就读于苏州女子职业学校附属小学,至小学三年级。

1936 年

9 月,转入苏州纯一中学附属小学,就读四年级。

1937 年

8 月,举家到苏州穹窿山顶避难。

10 月,日军上山,举家转到苏州香山避难,住农民家中。

12 月,回到苏州。

1938 年

学校停课。由祖父在家教四书(《大学》《中庸》《论语》《孟子》)及《纲鉴易知录》。

1939 年
2月，进入苏州仁益小学，就读小学五年级下学期。

1940 年
7月，毕业于苏州仁益小学。
9月，进入吴县县立中学初中一年级。

1942 年
9月，升入吴县县立中学初中二年级。
祖父去世，姐姐和哥哥负担家庭生活。

1944 年
9月，进入吴县县立中学高中部。

1945 年
9月，升入吴县县立中学高中二年级。
学校从原来的通和坊迁至沧浪亭新址。

1946 年
7月，从吴县县立中学毕业。
同时报考上海的沪江大学和圣约翰大学、南京的金陵大学三个学校的化学系并都被录取，最后选择金陵大学。

1947 年
受到戴安邦教授的教导，对化学是一门定量科学的概念有了深刻认识。对以后影响很大。
5月，第一次参加五二〇学生运动游行，不幸发生了珠江路惨案。
9月，由于私立学校学费太贵，为减轻家庭经济负担，重新报考大学。进入国立浙江大学化学系一年级，学号36161。

1948 年

祖母去世。

1949 年

在大二的有机化学课程中,深受王葆仁老师的启发,他的授课方式,今日仍有深刻印象。他考试不预先通知,凡小考几次都及格者免于大考,二学期都得到了免大考的资格。

1950 年

在张其楷教授指导下,从事毕业论文工作。

1951 年

7 月,毕业于浙江大学化学系,分配到中国科学院有机化学研究所工作。

8 月 27 日,到中国科学院上海分院报到,为研究实习员,工号为 5102。由于有肺结核,病休三个月。

11 月,到中国科学院有机所上班。

11 月,随梅斌夫先生学习麻黄素的分离工作。

12 月,住进愚园路 1055 号宿舍,由于有肺结核,一人一间。

1952 年

10 月,汪猷小组从生化所调至有机所。奉调进入汪猷小组工作,从事链霉菌的发酵、提取和分离工作。

1953 年

参加在上海召开的由汪猷主持的抗菌素会议并担任记录,开始领会汪猷的科学精神。

11 月,研究小组利用离子交换法从发酵液分离得到链霉素盐酸盐氯化钙复盐结晶。

1954 年

1 月，转入链霉素化学研究。

1955 年

提升为助理研究员。

12 月 1—6 日，参加 1955 年中国科学院抗生素国际会议（北京），其研究工作"有关链霉素试制的菌种选育、发酵及提炼的研究工作报告""双氢链糖的分离初步报告"由汪猷先生在会议上报告并引起讨论。

1958 年

成功地从双氢链糖酸内酯合成双氢链糖，并由汪猷在第四届国际生物化学会议（维也纳）上提交此论文。后发表于《科学记录》及《化学学报》。

1959 年

奉调入二室萃取剂组工作，任大组副组长兼第一小组组长。从事酸性磷酸酯型萃取剂的合成、生产。

10 月 27 日，与边伯明、黄耀曾、袁承业到衡阳参加一个现场会议。

1960 年

1—6 月，奉命参加牛胰岛素 A 链全合成中的七肽和十六肽的合成工作。

4 月 1 日，与樊世仪结婚。婚后，樊世仪仍在太原工作，两地分居。

7 月，继续回到二室工作。

12 月 5 日，长子陆海原出生。樊世仪调至上海医药设计院从事土建工作。

1961 年

1 月，由于原子弹试制的需要，接到上面下达的任务——提高 P-204 的纯度，改进 P-204 合成方法、降低成本。

经过一年的工作，完成了上述任务。

1962 年
奉命率领小组到核燃料生产现场进行 P-204 的应用试验，为期三个月。

1965 年
2 月，《化学学报》主编由汪猷担任，学报编辑室也放在有机所。协助汪猷从事化学学报编辑、校对工作。

12 月，奉调入三室工作。

1966 年
1 月 3 日，次子陆海津出生。

1 月，做有机锡化合物的合成工作，作为防霉剂之用。

1967 年
1 月，工作停止，半靠边。

1968 年
6 月 9 日，兄长陆熙彦在舟山泗礁海域遇难牺牲，追赠为烈士。年仅 51 岁。

1969—1973 年
在半靠边的情况下，和三室人员一起完成了光学仪器防霉剂 SF-501 的工作，后获国家创造发明奖二等奖（1983）。

1974 年
2 月 11 日，母亲胡昌娴去世，享年 79 岁。

在奉贤五七干校劳动锻炼半年。

到浦东鸿源化工厂参加四氟乙烯的试制工作。

1976 年

为全所初、中级技术人员开基础化学及英语补习班。

参加全国化学模拟生物固氮工作,主要从事钼分子氮络合物的合成和反应研究。

1978 年

被提升为副研究员。

1979 年

从化学模拟生物固氮工作延伸到研究钼的化学。

1980 年

3 月,东京大学向山光昭教授来访,陪同其苏州游览,并担任向山光昭来访做报告的翻译。

6 月,参加第一届中日美三边金属有机讨论会。会后赴大连,听山本明夫讲授金属有机化学。

8 月,长子陆海原赴美,就读华盛顿大学计算机系。

9 月,指导首个研究生黄煜津。

1981 年

10—11 月,由日本学术振兴会资助,在日本东京工业大学资源化学有机所山本明夫实验室访问两个月,在东京大学向山光昭实验室访问 10 天,并访问日本其他大学。

12 月,接待日本科学家 Y. Fujiwara 来访。

1982 年

6 月 14—18 日,参加第二届中日美三边金属有机讨论会(上海)并作报告。会后陪山本明夫、大冢齐之助和山崎博史到成都有机所讲学并作翻译。

邀山本明夫到家中做客。

萃取剂工作获国家自然科学奖二等奖，为主要参加者之一。

1983 年

应法国南巴黎大学不对称研究室 H. Kagan 之邀，赴法国访问一个月，并参加 OMCOS-II (Dijon) 会议。在这次会议上，首次听到并理解 OMCOS 的意义。

在法国期间，访问了 D. H. R. Barton、R. Corriu、Y. Chavin、J. F. Nomant、P. H. Dixneuf、J. P. Genet 等。

1984 年

推荐林英瑞到法国巴黎 Felkin 实验室深造一年。

野崎一来访，陪同并作翻译。

6 月，鲁玲硕士毕业。

8 月 5—9 日，参加第三次中日美三边金属有机讨论会（Santa Cruz）并作报告。会后赴旧金山、洛杉矶等地访问斯坦福大学、加州大学伯克莱分校南加州大学及加州理工学院。

会议结束后到表妹胡彩霞家，陆海原特来相聚。

被破格批准为博士生导师。

9 月，被聘为中国科学院化学部科学基金组成员。

10 月，被聘为中国科学院上海有机化学研究所第九研究室副主任。

1985 年

3 月 15 日，有机所举行庆四老（梅斌夫、汪猷、田遇霖、黄耀曾）从事科研五十年大会，作诗一首《庆四老从事科研五十年述怀》。

5 月，应邀赴浙江大学及杭州大学讲授金属有机化学。

6 月，倪志杰硕士毕业。

1986 年

6月，被聘任为中国科学院上海有机化学研究所研究员。

6月，蒋晓晖硕士毕业。

应邀参加在山西大学举办的有机合成讲习班，讲授金属有机化学。

组织中方代表团参加在日本筑波召开的第四次中日美三边金属有机讨论会，担任中方主席并作报告。

参加在日本神户召开的第五次国际均相催化讨论会并作报告。会上当选为国际均相催化讨论会顾问委员会委员。

10月，被聘为国家自然科学基金委员会有机化学高分子学科评审组成员。

1987 年

参加上海—近畿合成化学讨论会并作报告。

参加第二十五届 IUPAC 国际配位化学会议（南京）并作报告。

6月，朱景仰博士毕业。

9月，被聘为北京大学化学系兼职教授。

11月，黄煜津博士毕业。

1988 年

K. Narasaka 来访，邀其到家中作客。

5月，应邀在北京大学讲授金属有机化学。

5月，被聘为兰州大学化学系兼职教授（聘期2年）。

11月，陶晓春和孙君慧获在职硕士学位。

应 G. P. Chiusoli 之邀，作为中意交换学者赴意大利访问一个月。

参加第十三次 IUPAC 国际金属有机化学会议并作报告。

1989 年

1月，获上海市人事局授予的记大功奖励证书。

6月，马大为博士毕业，获院长奖学金优秀奖。

6月7—11日，组织筹备第五次中日美三边金属有机化学讨论会。

6月下旬，赴香港参加倪志杰的博士答辩。

7月，被聘为第四次国家自然科学奖化学科学部评审组成员。

10月，参加第五届IUPAC国际导向有机合成的金属有机化学会议并作报告。

12月，查出血糖及糖化血红蛋白均高，服药治疗。

1990年

推荐陶晓春到意大利Parma大学G. Casnati实验室深造一年。

2月，被续聘为兰州大学化学系兼职教授（聘期2年）。

参加第二届全国络合催化学术讨论会（大连）并作报告。

6月，耿立峰博士毕业。

7月，参加第一届世界华人有机化学家会议（上海）并作报告。

9月，参加第六届全国金属有机化学学术讨论会（长春）并作报告。

参加中苏双边有机磷化学会议（上海）并作报告。

10月19日，在所庆40周年庆祝会上作"有机所应该而且有条件发展OMCOS化学"报告。

11月，应邀到成都有机所讲授金属有机化学一周，回来时从重庆乘船到上海，畅游三峡。

11月，指导的博士生麻生明毕业，获院长奖学金特别奖。

1991年

1月，受聘为《中国化学》副主编。

10月，获国务院政府特殊津贴。

10月，组织基金委"七五"重大项目出国考察团，赴加拿大和美国访问B. R. James、M. Lautens、M. D. Fryzuk等多位著名金属有机化学家。同时顺访了杜邦公司，与Tollman等交流，深感美国的企业人员对基础研究非常注意，而大学教授非常注重应用的重要。

10月，访问完毕后，到西雅图看望海原、海津。顺访华盛顿大学并作报告。

11月3日，去Miniapolis探望外甥朱伟晨。

11月，当选为中国科学院化学部学部委员（院士）。

1992年

被评为中国科学院研究生优秀导师。

6月，黄晓琳硕士毕业。

8月，作为领队，组织中方代表团参加在名古屋召开的第六次日韩有机化学讨论会——有机合成中的选择性并作报告。

9月，被聘为浙江大学化学系兼职教授。

10月，"过渡金属催化有机合成的方法学"获中国科学院自然科学奖一等奖。

11月，参加第七届全国金属有机化学学术讨论会（杭州）并作报告，题为"从金属有机基元反应设计新的有机合成反应"。会议中举行黄耀曾教授八十华诞庆贺会暨学术报告会。

11月，在浙江大学作报告"从贫电子炔烃出发的合成反应"。

11月，郭成博士毕业。

1993年

2月，受聘为《中国化学》杂志主编，却之，但愿意帮助黄维垣先生工作。

4月，参加"七五"大基金总结会，并作申请"八五"基金的准备。

4月，参加有机所代表团首次访问"台湾中央研究院化学研究所"、"国立台湾大学"和"国立清华大学"。顺便到阳明山祭扫舅父胡昌炽的墓地。

6月，被聘为第六次国家自然科学奖化学科学部评审组成员。

6月，纪建国和江焕峰博士毕业，纪建国获院长奖学金优秀奖。

8月，应邀在南开大学举办的全国高校中青年教师培训班讲授金属有机化学。

参加第三十四次IUPAC大会（北京）并作报告。

参加在日本神户召开的第七次IUPAC国际导向有机合成的金属有机化

学会议并作报告。

参加在黄岩举办的第五届全国有机合成学术报告会并作报告。

参加在黄岩举办的第三届全国物理有机学术讨论会并作报告。

1994 年

5月，被聘为1994年度国家自然科学基金委员会有机化学学科评审组特约评审专家。

11月，鲁玲硕士毕业。

1995 年

主持国家自然科学基金委"八五"重大项目"金属有机化合的反应化学"（1995—1998）。

6月，朱国新和张春明博士毕业，朱国新获院长奖学金特别奖。

赴美参加第八届IUPAC国际导向有机合成的金属有机化学会议并作报告。

参加世界华人应用化学讨论会（杭州）并作报告。

担任《中国化学》副主编、主编。

担任中国科学院大连化学物理研究所第四届学术委员会委员。

1996 年

6月，王忠博士毕业，获院长奖学金特别奖。

被聘为国家自然科学基金委员会第六届学科评审组成员。

被评为中国科学院上海分院研究生优秀导师和中国科学院优秀教师。

赴美参加第十届国际均相催化讨论会并作报告。

赴荷兰参加第十一届IUPAC国际有机合成会议。

赴扬州参加第八届全国金属有机化学学术讨论会并作报告。

赴香港参加第四届世界华人有机化学家会议（香港）并作报告。

1997 年

3月，被聘为羰基合成与选择氧化国家重点实验室第二届学术委员会委员（聘期3年）。

5月，汪猷去世。追悼会上作一副挽联悼念。

6月，张兆国博士毕业，陈国英硕士毕业。

9月，被聘为中国科学院化学学科专家委员会委员。

担任 Tetrahedron 和 Tetrahedron Letters 的顾问编委。

和陈惠麟合作翻译的山本明夫著《有机金属化学》由科学出版社正式出版。

赴广州参加第五届全国络合催化学术讨论会并作报告。

赴日本参加第八届CRC国际均相催化展望会议并作报告。

11月，应香港大学支志明之邀，作为访问教授赴香港大学访问两个月。

12月，"以炔烃衍生物为原料的合成方法学研究"获中国科学院自然科学奖一等奖。

1998 年

4月，获上海市人民政府授予的1997年度上海市劳动模范称号。

5月，被聘为国家自然科学基金委员会第七届学科评审组成员。

参加第十二次IUPAC国际有机合成会议并作报告。

6月，徐振荣博士毕业，获院长奖学金优秀奖。郎深慧硕士毕业。

6月，当选为中国科学院化学部第九届常务委员会委员（任期2年）。

8月29日，中科院上海有机所为陆熙炎举行70岁生日报告会。

在《化学进展》杂志上发表《绿色化学与有机合成及有机合成中的原子经济性》一文。

1999 年

6月，被授予徐光启科技荣誉奖章。

6月，谢煦博士毕业。

参加第十届 IUPAC 国际导向有机合成的金属有机化学会议。

参加第十届 IUPAC 国际导向有机合成的金属有机化学会议的钯化学专题并作报告。

8—9月，赴美探亲。

10月，被授予何梁何利基金科学与技术进步奖。

12月，"以烯烃或炔烃衍生物为原料的合成方法学研究"获国家自然科学奖二等奖。

朱国新论文《钯催化烯炔分子内环化反应的立体化学及其在天然产物不对称合成中的应用》入选1999年全国百篇优秀博士学位论文。

2000年

4月，被聘为河南省科学院化学研究所兼职研究员。

6月，雷爱文博士毕业。

6月，当选为中国科学院化学部第十届常务委员会委员（任期2年）。

7月，国家自然科学基金委"八五"重大项目"金属有机化合物的反应化学"（1995—1998）结题，总结报告汇编成书《金属有机化合物的反应化学》（主编陆熙炎，副主编杜灿屏）由化学工业出版社出版。

7月，参加第十九次 IUPAC 国际金属有机化学会议并作 keynote 报告，主要讲述张庆海关于烯炔不对称偶联工作。

8月，参加第一次香港手性技术讨论会并作报告。

8月，参加羰基合成与选择氧化国家重点实验室学术委员会会议，并作"二价钯催化的不对称烯炔偶联反应"报告。

8月，荣获中国科学院宝洁奖教金。

12月，参加国际太平洋地区化学大会并作报告。

12月，顺访西雅图探望海原、海津，在美国过年。

2001年

4月，被中华全国总工会授予全国五一劳动奖章。

4月，参加在上海淀山湖畔举办的中国有机化学发展战略讨论会，作导向有机合成的金属有机化学报告。

5月,被聘为苏州大学兼职教授。

5月31日,将历年的化学杂志(《化学学报》《化学通报》、Tetrahedron、Tetrahedron Letters 等)赠苏州大学图书馆,并在苏州大学举行的图书捐赠仪式上作学术报告。

6月,张庆海博士毕业,获院长奖学金优秀奖。

参加国家自然科学基金委员会成立十五周年庆祝会,并汇报十五年来的工作。

参加国际催化和精细化学品讨论会并作报告。

11月,参加第二届全国有机化学学术会议并作报告。

2002 年

1月,获我国高等学校教师资格证书。

3月,被聘为国家自然科学基金委员会第一届咨询委员会委员(任期2年)。

4月,在上海-台湾讨论会上作"膦催化反应"报告。

6月,杜亦枢和刘国生博士毕业。

6月,当选为中国科学院化学部第十一届常务委员会委员(任期2年)。

10月,在南开大学元素有机化学研究所40周年会上作"膦催化反应"报告。

12月,被聘为中国科学院上海有机化学研究所第七届学位评定委员会委员。

2003 年

2月,参加基金委在华东师范大学召开的化学学科发展战略讨论会。

4月16日,在上海交通大学化学化工学院作"绿色化学中的原子经济性"学术报告。

6月,许蔚、赵立刚、陆珺博士毕业。赵立刚获院长奖学金优秀奖。

11月15日,参加在紫金港校区举行的浙江大学首届化学节开幕式,并在会上作"怎样做好化学研究"的报告。

2004 年

8 月,参加第七届国际杂原子化学会议并作报告。

10 月,参加在杭州举办的第一届国际均相催化论坛及第三届中荷双边催化讨论会并作报告。

参加在北京举办的第十三届全国金属有机化学会议并作报告。

12 月,参加在广州举办的精细化工与药物合成国际研讨会并作报告。

12 月 15 日,在华南理工大学作报告,讲授绿色化学的概念。

12 月,在香港参加第八次华人有机化学会议,并作"控制 β-H 消除使钯催化的反应更丰富"报告。

2005 年

2 月,被聘为复旦大学兼职教授(长期聘任),并作"怎样做好化学研究工作"的报告。

6 月,冯建青博士毕业。

6 月,赴荷兰参加第四届中荷双边催化讨论会。

2006 年

3 月,被聘为中国科学院上海有机化学研究所第九届学术委员会委员。

4 月,参加在杭州举办的中德双边有机催化及绿色化学讨论会,并作报告。

6 月,沈增明和陆征博士毕业。

9 月,参加在苏州举办的第二届国际均相催化论坛及第一次中瑞双边催化讨论会,并作报告。

9 月,参加国家自然科学基金委化学学部在宁夏组织召开的有机化学学术与战略研讨会并作发言。

10 月,参加在苏州举办的第 14 届全国金属有机化学会议并主持开幕式。

12月，赵保卫博士毕业。

2007年

1月，被聘为浙江大学理学院第二届学术委员会委员。

4月，继续被聘为《有机化学》编委。

5月，继续被聘为《中国化学》第五届编委。

6月，刘桂霞、林韶晖、戴辉雄、宋娟（苏州大学）博士毕业。

11月9日，参加在北京化学所举行的王葆仁先生百年诞辰纪念会，发言表达了对王葆仁的怀念。

12月，在苏州为高校中青年教师作"高校中青年化学教师的任务与职责"的报告。

12月，杨淼博士毕业。

2008年

5月，被中国科学院研究生院授予"杰出贡献教师"荣誉称号。

7月27—31日，参加第十届国际华人有机化学研讨会。

8月29日，上海有机所举行陆熙炎院士八十华诞庆祝会及学术报告会。

10月14—17日，应邀参加有机合成与药物开发国际研讨会2008并作报告

10月20—23日，参加在南京举办的十五届全国金属有机化学会议，荣获黄耀曾金属有机化学奖终身成就奖。会议期间举行了庆祝陆熙炎院士八十华诞的专题报告会，并邀请日本的山本明夫、村桥俊一、席振峰作报告。

2009年

6月，和世仪赴美国，在海原、海津家住了两个月。

6月，郑素清博士毕业。

2010年

6月，韩秀玲获苏州大学在职博士学位。

9月20日，参加上海有机所举办的汪猷百年诞辰纪念会，应邀在会上作"难忘的岁月"发言，回忆了在汪猷先生指导下工作的情况。

10月18日，上海有机所在宛平剧院隆重举行建所60周年庆祝大会暨学术报告会，作为有机所科学家代表作题为"一个老职工的回忆"的发言，回忆了有机所的优良传统。

2011年

1月13日，在中山医院进行左髋关节置换手术。

2月28日，出院，休息两周后上班。

6月，周峰和余旭芬博士毕业。

7月，*Synlett* 杂志专门为戴立信和陆熙炎出一专期。

11月18日，参加上海有机所举办的黄维垣院士九十华诞庆贺会暨学术报告会。

2012年

1月16日，上海市侨联负责人前来慰问。

5月12日，上海有机所举办主题为"绚丽多彩的化学世界"的2012年度公众开放日科普活动，以"化学使我们的生活更美好"为题做专题报告。

6月，王欢博士毕业。

6月18日，参加上海有机所举办的周维善院士庆生会暨学术报告会。

11月16日，参加上海有机所举办的黄耀曾院士百年诞辰纪念会暨学术报告会。应邀在会上发言，回忆了黄耀曾先生对中国金属有机化学的贡献。

2013年

6月，沈坤博士毕业，获院长奖学金优秀奖。

8月23日，应邀在复旦大学金属有机化学的进展讲习班讲授"从金属有机化合物的基元反应发展新的有机合成反应"。

2014 年

3月3日，参加上海有机所"一三五"战略规划重大突破项目诊断会。

5月1日，获瑛姐噩耗，享年100岁。写《瑛姐噩耗》短文悼念。

6月，夏国钦博士毕业。

8月13日，金属有机化学开放实验室进行现场评估。

8月17日，金属室举行钱长涛同志八十华诞座谈会，为钱长涛书写贺词。

10月10日，参加上海有机所举办的袁承业院士和戴立信院士九十华诞庆贺会暨学术报告会。

10月10日，接受浙江大学校友会的采访。

10月15日，浙大校友会为院士校友聚会，并庆祝戴立信、池志强两位院士九十华诞。

10月20—22日，参加第六届国际均相催化论坛。

11月15—16日，参加金属有机化学开放实验室学术委员会年会。

2015 年

2月，接受 *Org. Chem. Frontier* 通信采访，并于11月刊载。

6月，张建波博士毕业。

8月1日，和世仪入住星堡养老社区，试住两个月后，于10月正式入住。

9月17日，参加"人工全合成结晶牛胰岛素五十周年"纪念邮票首发仪式。

11月7日，参加纪念人工全合成结晶牛胰岛素50周年暨加强原始创新座谈会。

11月20—22日，参加金属有机化学开放实验室学术委员会年会。

2016 年

1月16日，参加在上海福寿园举行的黄维垣院士追思会，作为老同事代表发言。

6月，周志、张晓娟、苏焘博士毕业。

2017 年

6月，陈俊杰硕士毕业。

附录二　陆熙炎主要论著目录

学术论文

[1] 汪猷，陆熙炎，林文德，等. 自 L- 双氢链糖酸内酯合成 L- 双氢链糖 [J]. 化学学报，1959，25（5）：254-264.

[2] 袁承业，陆熙炎，施莉兰，等. 有机萃取剂的研究（Ⅰ）：二 -（2- 乙基己基）磷酸制备的研究 [J]. 原子能科学技术，1962（1）：1-11.

[3] 陆熙炎. $UO_2（NO_3）_2$-HNO_3-TBP- 煤油萃取系统中有机相的变化及其与乳化的关系 [J]. 原子能科学技术，1962（7）：508-515.

[4] 袁承业，施莉兰，陆熙炎，等. 有机萃取剂的研究（Ⅳ）：某些中性磷型萃取剂的化学结构及其对铀氧离子萃取性能的关系 [J]. 原子能科学技术，1963（1）：27-39.

[5] 袁承业，龙海燕，盛志初，等. 有机萃取剂的研究（Ⅵ）：二 -（1- 甲基庚基）磷酸的制备及其对铀的萃取性能 [J]. 原子能科学技术，1963（9）：674-687.

[6] 陆熙炎. 磷型萃取剂的合成 [J]. 原子能科学技术，1964（6）：627-636.

[7] 龙海燕，陆熙炎. 高纯度二（2- 乙基己基）磷酸的制备 [J]. 原子能科学技术，1964（6）：742-745.

[8] 汪猷，陆熙炎，徐杰诚，等. 肽的研究（Ⅲ）：牛胰岛素 A 链中段带保护基的七肽（A6-12）的合成 [J]. 化学学报，1964，30（1）：49-59.

[9] 汪猷，屠传忠，陆熙炎，等. 肽的研究（Ⅳ）：带保护基的牛胰岛素 A 链羧基末端十二肽及十六肽的合成［J］. 化学学报，1964，30（2）：205-210.

[10] 陆熙炎，叶功新，袁承业. 有机磷化合物的研究 Ⅱ：烷基磷酸的纸层析和纸电泳分离法［J］. 化学学报，1964，30（5）：471-477.

[11] 陆熙炎，王国樑. 有机磷化合物的研究Ⅳ：环己基膦酰二氯与高碳醇的醇解反应［J］. 化学学报，1964，30（6）：532-539.

[12] 陈家碧，雷桂馨，陆熙炎. 双（1-二乙膦基-2-二苯膦基乙烷）双（分子氮）钼（0）[Mo（N$_2$）$_2$（Et$_2$PCH$_2$CH$_2$PPh$_2$）$_2$] 的合成［J］. 科学通报，1980，25（14）：635-637.

[13] 袁承业，陆熙炎，马恒励，等. 烃基膦酸单辛酯的合成及其萃取稀土的结构-性能研究［J］. 化学学报，1981，39（9）：881-895.

[14] 林英瑞，何子鑑，胡光明，等. 不同桥连原子的半胱氨酸钼络合物对乙炔催化还原活性的研究［J］. 科学通报，1981，26（11）：666-669.

[15] 陆熙炎，陶晓春，林英瑞. N，N-二乙基二硫代氨基甲酸钠与不同桥连的半胱氨酸钼络合物的配位体交换反应［J］. 有机化学，1982（5）：347-349.

[16] 陆熙炎，林英瑞，陶晓春，等. 双-μ-氧代-、μ-氧-μ-硫代-和双-μ-硫代-双（半胱氨酸钼）络合物的合成与分离［J］. 有机化学，1982（6）：423-426.

[17] Lu X, Sun J, Tao X. A New Deoxygenation Reaction Catalyzed by a Molybdenum Complex［J］. *Synthesis*, 1982: 185-186.

[18] Lu X, Sun J. Studies on the Reaction of cis-MoO$_2$（S$_2$CNEt$_2$）$_2$ with Compounds of Group V Elemenmts［J］. *Synth. React. Inorg. Met.-Org. Chem*, 1982, 12（4）: 427-432.

[19] 黄赛棠，陆熙炎. 一些钼络合物的 X 光电子能谱［J］. 有机化学，1983（1）：37-38.

[20] Lin Y, Lu X. Hydrogen Transfer Reaction of Allylic Alcohols Catalyzed by Molybdenum Complex［J］. *J. Organomet. Chem.*, 1983（251）: 321-325.

[21] 黄吉玲，励碧华，陆熙炎. 烯丙基化合物在 Pd0 催化下的反应活性——离去基团的影响［J］. 科学通报，1984（6）：344-347.

[22] 陆熙炎，黄煜津. 钯配合物催化的亚磺酸烯丙酯重排反应［J］. 化学学报，1984，42（8）：835-837.

[23] Lu X, Huang Y. Palladium Catalyzed Reaction of Nucleophiles and Diacetate of Allylic-1, 1-diol[J]. *J. Organomet. Chem.*, 1984 (268): 185-190.

[24] 陆熙炎, 王绮文, 陶晓春, 等. 使氧化三苯胂脱氧为三苯胂的新方法[J]. 化学学报, 1985, 43 (5): 450-453.

[25] 陶晓春, 陆熙炎. 一个灵敏的三取代磷（膦）化合物的显色剂[J]. 化学试剂, 1985, 7 (4): 225-226.

[26] 陆熙炎, 黄吉玲, 朱景仰. 镍配合物催化的亚磷酸烯丙酯重排反应[J]. 化学学报, 1985, 43 (7): 702-703.

[27] Lu X, Zhu J. Nickel Chloride Catalyzed Rearrangement of Allylic Phosphites[J]. *J. Organomet. Chem.*, 1986 (304): 239-243.

[28] Lu X, Zhu J. Nickel (0) Catalyzed Reaction of O, O-Dialkyl Phosphonate with Allylic Acetates or Carbonates. A Novel Method of Preparing Allylic Phosphonates[J]. *Synthesis*, 1986: 563-564.

[29] Lu X, Lu L. Reaction of Allylic Arsenites with Low Valent Transition Metal compounds[J]. *J. Organomet. Chem.*, 1986 (307): 285-289.

[30] Lu X, Huang Y. Allylic Geminal Diacetates as a1, a3 Synthon. A Convenient Synthesis of Bicyclo [3.3.1] nonan-9-one Derivatives[J]. *Tetrahedron Lett.*, 1986, 27 (14): 1615-1616.

[31] Lu X, Ni Z. Palladium(0) Catalyzed Reaction of O-Allyl and O-Benzyl S-Alkyl Dithiocarbonates. A New Method to Prepare Alkyl and Benzyl Sulfides from Alcohols[J]. *Synthesis*, 1987: 66-68.

[32] 陆熙炎, 朱景仰. 无水二氯化镍催化下醋酸烯丙酯与亚磷酸二酯的反应[J]. 化学学报, 1987, 45 (3): 312-313.

[33] Lin Y, Lu X, Ma D. Selective Conversion of Pinane into α-Pinene Catalyzed by Iridium Pentahydride Complex[J]. *J. Organomet. Chem.*, 1987 (323): 407-409.

[34] Lu X, Zhu J, Huang J, et al. Allylic Carbon-Phosphorus Bond Formation Catalyzed by Nickel Complexes[J]. *J. Mol. Cat.*, 1987 (41): 235-243.

[35] Lu X, Lu L, Sun J. Palladium and Arsenic Oxide Catalyzed Allylic Alkylation by Allylic Alcohols under Neutral Condition[J]. *J. Mol. Cat.*, 1987 (41): 245-251.

[36] Lu X, Zhu J. Palladium Catalyzed Reaction of Aryl Fluoroalkanesulfonates and O, O-Dialkyl Phosphonates[J]. *Synthesis*, 1987: 726-727.

[37] Zhu J, Lu X. Umpolung in Allylic Phosphonates. Regioselective Reactions of Acetoxyallylic Phosphonates with Nucleophiles Catalyzed by Palladium（0）Complex[J]. *Tetrahedron Lett.*, 1987, 28（17）: 1897-1900.

[38] Lin Y, Ma D, Lu X. Iridium Pentahydride Complex Catalyzed Dehydrogenation of Alcohols in the Absence of a Hydrogen Acceptor[J]. *Tetrahydron Lett.*, 1987, 28（27）: 3115-3118.

[39] Lin Y, Ma D, Lu X. Iridium Pentahydride Complex Catalyzed Formation of C-C Bond by C-H Bond Activation Followed by Olefin Insertion[J]. *Tetrahedron Lett.*, 1987, 28（28）: 3249-3252.

[40] Zhu J, Lu X. Umpolung in Allylic Phosphonates. Regio- and Stereo-selective Synthesis of（E）γ-Amino-α, β-unsaturated Phosphonates by the Palladium Catalyzed Reaction of Acetoxy Allylic Phosphonates[J]. *J. Chem. Soc. Chem. Commun.*, 1987: 1318-1319.

[41] Huang Y, Lu X. Novel Palladium Catalyzed Synthesis of Pyran Derivatives[J]. *Tetrahedron Lett.*, 1987, 28（49）: 6219-6220.

[42] 陆熙炎, 陶晓春. Ph3P/Mo Ⅵ体系对亚砜类的脱氧反应[J]. 有机化学, 1987（5）: 376-377.

[43] 陆熙炎, 孙君慧. Ph3P/Mo Ⅵ体系对吡啶-N-氧化物的脱氧反应[J]. 有机化学, 1987（5）: 378-379.

[44] Lu X, Jiang X, Tao X. Palladium Catalyzed Allylic Alkylation of Carbonucleophiles with Allylic borates or Allylic Alcohols and Boron Oxide under Neutral Conditions[J]. *J. Organometal. Chem.*, 1988（344）: 109-118.

[45] Lu X, Lin Y, Ma D. Novel Reactions Catalyzed by Iridium Pentahydride Complex[J]. *Pure Appl. Chem.*, 1988, 60（8）: 1299-1306.

[46] Ma D, Lin Y, Lu X, et al. A Novel Stereoselective Synthesis of Conjugated Dienones[J]. *Tetrahedron Lett.*, 1988, 29（9）: 1045-1048.

[47] 林英瑞, 马大为, 陆熙炎. 铱配合物催化下不饱和仲醇的氢转移反应[J]. 化学学报, 1988, 46（1）: 93-95.

[48] 黄煜津, 陆熙炎. 烯丙基-1, 1-偕二醇二醋酸酯作为a1、a3合成子的研

究——合成双环［3.3.1］壬烷-9-酮衍生物的简便方法及其反应机理［J］. 化学学报, 1988, 46（9）: 908-912.

［49］黄煜津, 陆熙炎. 钯催化烯丙基偕二醇二醋酸酯和各种亲核试剂的反应［J］. 化学学报, 1988, 46（11）: 1113-1118.

［50］Lu X, Ma S, Zhu J. Samarium Diiodide Initiated Addition Reactions of Fluoroalkyl Iodides to Olefins［J］. *Tetrahedron Lett.*, 1988, 29（40）: 5129-5130.

［51］Huang Y, Lu X. Palladium catalyzed Annulation Reaction Using a Bifunctional Allylic Alkylation Agent［J］. *Tetrahedron Lett.*, 1988, 29（44）: 5663-5664.

［52］Lu X, Jiang X. Effective Activation of Allylic Ethers by Boron Oxide in Palladium Catalyzed Allylic Alkylation［J］. *J. Organometal. Chem.*, 1989（359）: 139-142.

［53］Ma D, Yu Y, Lu X. Highly Stereoselective Isomerization of Ynones to Conjugated Dienones Catalyzed by Transition Metal Complexes［J］. *J. Org. Chem.*, 1989, 54（5）: 1105-1109.

［54］Ma D, Lu X. Facile Synthesis of（2E, 4E）-Dienic Esters via Stereoselective Isomerization of 2-Ynoic Esters［J］. *Tetrahedron Lett.*, 1989, 30（7）: 843-844.

［55］Lu X, Tao X, Zhu J, et al. Regio- and Stereo-selective Synthesis of Symmetrical and Unsymmetrical 1, 3-Diphosphoryl（Phosphonyl, Phosphinyl）Substituted（E）-Propenes［J］. *Synthesis*, 1989: 848-850.

［56］Lu X, Fang H, Ni Z. An Organometallic Analogs of the Wittig Reaction. An One Pot Reaction of C=C Bond Formation Catalyzed by a Molybdenum complex［J］. *J. Organomet. Chem.*, 1989（373）: 77-84.

［57］Ma D, Lu X. Isomerization of Propargylic Alcohols Catalyzed by an Iridium Complex［J］. *Tetrahedron Lett.*, 1989, 30（7）: 843-844.

［58］Ma D, Lu X. A Simple Route to A, B-Unsaturated Aldehyde from Propargylic Alcohols［J］. *J. Chem. Soc. Chem. Commun.*, 1989: 890-891.

［59］Geng L, Lu X. Palladium Catalyzed Reduction of Acyl Chlorides with Tribytylgermanium Hydride［J］. *J. Organomet. Chem.*, 1989（376）: 41-43.

［60］Ma S, Lu X. Studies on Samarium Dioxide Initiated Addition Reaction of

Fluoroalkyl Iodides to Alkynes and Its Mechanism [J]. *Tetrahedron*, 1990 (46): 357-364.

[61] Lu X, Ma D. Stereoselective Isomerization of Acetylenic Derivatives as a New Methodology in Organic Synthesis [J]. *Pure Appl. Chem.*, 1990, 62 (4): 723-730.

[62] Ma S, Lu X. Samarium Diiodide Initiated Addition Reaction of Polyhalomethanes to Olefins [J]. *J. Chem. Soc. Perkin Trans*, 1990: 2031-2033.

[63] Huang Y, Lu X. A Convenient Synthesis of Cyclooctane Derivatives [J]. *Chin. Chem. Lett.*, 1990: 31.

[64] Geng L, Lu X. Propargylic Carbonates as an a1, a2 Synthon in Annulation Reaction. A Convenient Synthesis of 3-Methylene Dihydropyran Derivatives [J]. *Tetrahedron Lett.*, 1990 (31): 111-114.

[65] Ma D, Lu X. A Convenient Stereoselective Synthesis of Conjugated Dienoic Esters and Amides [J]. *Tetrahedron*, 1990 (46): 3189-3198.

[66] Ma S, Lu X. Palladium Dihalide Catalyzed Stereoselective Synthesis of α-(Z)-Halomethylene-butyrolactone Derivatives [J]. *J. Chem. Soc. Chem. Commun.*, 1990: 733-734.

[67] Ma D, Lu X. A New Methodology to Key Intermediates for Synthesizing Polyene Compounds [J]. *Tetrahedron*, 1990 (46): 6319-6330.

[68] Lu X, Guo C, Ma D. A Convenient Synthesis of 3-Alkandienylcycloalkenones [J]. *Synlett*, 1990: 357-358.

[69] Ma S, Lu X. A Novel Stereospecific hydrohalogenation reaction of Propiolates and Propiolic Acid [J]. *J. Chem. Soc. Chem. Commun.*, 1990: 1645-1646.

[70] Ma S, Lu X. Differentiation of the Reactivities of Carbon-Carbon Multiple Bonds in One molecule. Highly Chemo- and Stereo-selective hydrohalogenation of Allyl or Propargyl Propiolates [J]. *Tetrahedron Lett.*, 1990 (31): 7653-7656.

[71] Ma S, Lu X. Samarium Diiodide Induced Umpolung of Phosphoryl Allylic Cations [J]. *Chin. Chem. Lett.*, 1991 (2): 673-674.

[72] Lu X. Reactions of Low Valent Transition Metal Complexes with Compounds Containing Allylic C-O-Z Bonds [J]. *Rev. Heteroatom Chem.*, 1991 (4): 278-292.

[73] Geng L, Lu X. Palladium Catalyzed Reaction of 3-Trimethylsilylpropargylic Carbonates with Dinucleophiles [J]. *Chin. Chem. Lett.*, 1991 (2): 595-596.

[74] Ma S, Lu X. Divalent Palladium Catalyzed Stereoselective Synthesis of α-(Z)-(Halomethylene)-γ-butyro-lactone Derivatives and Its Mechanism [J]. *J. Org. Chem.*, 1991 (56): 5120-5125.

[75] Lu X, Ji J, Ma D, et al. Facile Synthesis of 1, 4-Diketones via Palladium Complex Catalyzed Isomerization of Alkynediols [J]. *J. Org. Chem.*, 1991 (56): 5774-5778.

[76] Lu X, Guo C, Ma D. A New Three-Carbon Homologating Agent for Synthesis of γ-Keto Aldehydes [J]. *J. Og. Chem.*, 1991 (56): 6712-6714.

[77] Zhu J, Lu X, Tao X, et al. Studies on the Reaction of a-Acetoxy Allylic Phosphonates under Palladium (0) Catalysis [J]. *Chin. Chem. Lett.*, 1991 (2): 839-840.

[78] 王绮文, 余亦华, 陶晓春, 等. 1, 3-双磷(膦)酰基丙烯类化合物的1H、31P NMR 研究 [J]. 化学学报, 1991, 49 (1): 74-80.

[79] Guo C, Lu X. Stereoselective Synthesis of Conjugated Polyenones from Diynones [J]. *Tetrahedron Lett.*, 1991, 32 (51): 7549-7552.

[80] Ma S, Lu X, Li Z. A Novel Stereoselective Hydrohalogenation Reaction of 2-Propynoic Acid and Its Derivatives with Lithium Halide in the Presence of Acetic Acid [J]. *J. Org. Chem.*, 1992 (57): 709-713.

[81] Lu X, Ji J, Guo C, et al. Isomerization of Alkynemonools Catalyzed by Palladium (0) Complexes and Diols [J]. *J. Organomet. Chem.*, 1992 (428): 259-266.

[82] Geng L, Lu X. Propargylic Carbonates as an a1, a2 Synthon in Palladium Catalyzed Annulation Reactions with Bifunctional Nucleophiles [J]. *J. Chem. Soc. Perkin Trans.*, 1992: 17-21.

[83] Guo C, Lu X. A Convenient and Stereoselective Synthesis of (E, E, E)-Trienones [J]. *Synlett*, 1992: 405-406.

[84] Lu X, Huang X, Ma S. A Convenient Stereospecific Synthesis of Conjugated (2Z)-En-4-ynoic, (2Z, 4Z)- and (2Z, 4E)-Dienoic Acid Derivatives from Propiolic Acid Derivatives [J]. *Tetrahedron Lett.*, 1992, 33 (18): 2535-2538.

[85] Guo C, Lu X. A facile and stereoselective synthesis of dienediones and 6-oxo-2,4-dienoic esters[J]. *Tetrahedron Lett.*, 1992, 33(25): 3659-3662.

[86] Lu X, Zhu G, Ma S. A Novel Regio- and Stereo-specific Hydroacetoxylation Reaction of 2-Alkynoic Acid Derivatives[J]. *Tetrahedron Lett.*, 1992, 33(47): 7205-7206.

[87] Lu X, Sun J, Zhu J. Umpolung Reactivity of Allylic Phosphonates. A Simple Route to 3-Aminoalkane- and 3-Amino-1-alkenyl- Phosphonates (Phosphinates and Phosphine Oxides)[J]. *Heteroatom Chem.*, 1992(3): 551.

[88] Geng L, Lu X. Palladium(0) Catalyzed Reaction of Propargylic Carbonates and Dialkyl Cycloalkanone-α, α'-dicarboxylates[J]. *Chin. J. Chem.*, 1993(11): 91.

[89] Ma S, Lu X. Studies on Pd(II)-Catalyzed Cyclization of 4'-Hydroxy-2'alkenyl 2-Alkynoates[J]. *J. Organometal. Chem.*, 1993(447): 305-309.

[90] Ma S, Lu X. Stereoselective Synthesis of α-Chloroethylene-γ-butyrolactone Derivatives from Acyclic Allylic 2-Alkynoates[J]. *J. Org. Chem.*, 1993(58): 1245-1250.

[91] Lu X, Zhu G, Ma S. A Novel regio- and stereo- specific Hydrohalogenation Reaction of 2-Alkynoic Acids and Their Derivatives[J]. *Chin. J. Chem.*, 1993, 11(3): 267-271.

[92] Ma S, Zhu G, Lu X. Controlling Factors on the Stereochemistry of Pd(II) Catalyzed Cyclization of 1'-Alkyl-4'-chloro-2'-alkenyl 2-alkynoates[J]. *J. Org. Chem.*, 1993(58): 3692-3696.

[93] Lu X, Zhu G. An Effective Synthesis of(+)-Isohinokinin from the Acyclic Eseter Precursors[J]. *Synlett*, 1993: 68-70.

[94] Guo C, Lu X. A Novel Deoxygenation-Isomerization Reaction of 4-Hydroxy-2-ynoic Esters and γ-Hydroxy-α, β-ynones[J]. *J. Chem. Soc. Chem. Commun.*, 1993: 394-395.

[95] 陆熙炎. 从炔烃衍生物出发的有机合成方法学[J]. 有机化学, 1993, 13(3): 227-243.

[96] Guo C, Lu X. Reinvestigation on the Catalytic Isomerization of Carbon-Carbon Triple Bonds[J]. *J. Chem. Soc. Perkin Trans.*, 1993: 1921-1923.

[97] Ji J, Lu X. Facile Synthesis of 2, 5-Disubstituted Furans via Palladium Complex and Perfluorinated Resinsulfonic Acid Catalyzed Isomerization-Dehydration of Alkynediols[J]. *J. Chem. Soc. Chem. Commun.*, 1993: 764-765.

[98] Lu X, Huang X, Ma S. A Convenient Synthesis of γ-Alkylidene Butenolides [J]. *Tetrahedron Lett.*, 1993, 34 (37): 5963-5966.

[99] Zhu G, Ma S, Lu X. Palladium Complex Catalyzed Stereoselective Synthesis of α-(Z)-Haloalkylidene-γ-butyrolactone Derivatives from Acetoxyallylic 2-Alkynoates[J]. *J. Chem. Research* (S), 1993: 366-367.

[100] Ji J, Lu X. Stereoselective Synthesis of cis-Fused Bicyclic α-Chloroalkylidene-γ-butyrolactone Derivatives via the Cascade Carbopalladation Cyclization Reaction[J]. *Synlett*, 1993: 745-747.

[101] Lu X, Wang Z, Ji J. A Convenient Stereoselective Synthesis of Fluorinated α-Alkylidene-γ-butyrolactone Derivatives[J]. *Tetrahedron Lett.*, 1994(35): 613-616.

[102] Lu X, Ma S, Ji J, et al. Construction of a-Methylene-γ-butylolactones from Acyclic Ester Precursors[J]. *Pure Appl. Chem.*, 1994, 66 (7): 1501-1508.

[103] Ji J, Lu X. Palladium Catalyzed Cyclization-Carbonylation of Allylic 2-Alkynoates: Facile Synthesis of α-Alkylidene-γ-butyrolactone β-Acetic Acid Derivatives[J]. *Tetrahedron*, 1994, 50 (30): 9067-9078.

[104] Ma S, Lu X. Stereospecific Synthesis of Ethyl(Z)-3-Bromo-2-propenoate [J]. *Organic Sytheses*, 1995 (72): 112-115.

[105] Zhu G, Lu X. A Palladium (II)-Catalyzed Construction of α-Methylene-γ-butyrolactones in Optically Active Form. Total Synthesis of (−)-Methylenolactocin[J]. *J. Org. Chem.*, 1995, 60 (4): 1087-1089.

[106] Ji J, Zhang C, Lu X. Palladium-Templated Regio- and Stereoselective Cyclization of 2'-Alkenyl 2-Alkynoates and Its Synthetic Applications[J]. *J. Org. Chem.*, 1995, 60 (5): 1160-1169.

[107] Zhu G, Ma S, Lu X, et al. Observations on the Unusual Stereochemistry of the Oxidative Cleavage of Palladium-Carbon Bonds[J]. *J. Chem. Soc. Chem. Commun.*, 1995: 271-273.

[108] Wang Z, Lu X. Selective Ene-Yne Coupling-Functionalization: New Strategy

in Constructing Heterocycles[J]. *Tetrahedron*, 1995, 51 (9): 2639−2658.

[109] Zhu G, Lu X. Stereoselective Synthesis of Enantiopure β, γ−Disubstituted α−Alkylidene−γ−butyrolactones via a Palladium (II) Catalyzed Cyclization[J]. *Tetrahedron: Asymmetry*, 1995, 6 (2): 345−348.

[110] Huang X, Zhang C, Lu X. A Convenient Stereoselective Synthesis of 1, 3−Dienylphosphonates and 1−En−3−ynyl phosphonates and Their Phosphine Oxide Analogs[J]. *Synthesis*, 1995: 769−771.

[111] Zhang C, Lu X. Phosphine Catalyzed Cycloaddition of 2, 3−Butadienoates or 2−Butynoates with Electron−Deficient Olefins. A Novel [3+2] Annulation Approach to Cyclopentenes[J]. *J. Org. Chem.*, 1995, 65 (9): 2906−2908.

[112] Zhu G, Lu X. A Palladium Catalyzed Construction of Enantiomerically Pure α−Methylene−γ−butyrolactones Enantiospecific Synthesis of Both Enantiomers of Methylenolactocin[J]. *Tetrahedron: Asymmetry*, 1995, 6 (4): 885−892.

[113] Zhu G, Lu X. Template Effect of Pd (II) in the Synthesis of Differently Substituted Enantiopure γ−Butyrolactone and Its Synthetic Application[J]. *Tetrahedron: Asymmetry*, 1995, 6 (7): 1657−1666.

[114] Zhang C, Lu X. Umpolung Addition Reaction of Nucleophiles to 2, 3−Butadienoates Catalyzed by a Phosphine[J]. *Synlett*, 1995: 645−646.

[115] Zhu G, Lu X. Reactivity and Stereochemistry of β−Heteroatom Elimination. A Detailed Study through a Palladium−Catalyzed Cyclization Reaction Model[J]. *Organometallics*, 1995, 14 (10): 4899−4904.

[116] Wang Z, Lu X. Stereoselective Synthesis of Perfluoroalkylated (E, E)−Dienes from Perfluoroalkylated Alkynes. The Synthesis of Fluorinated Analogs of *Lepidoptera* Pheromones[J]. *Tetrahedron*, 1995, 51 (43): 11765−11774.

[117] Zhu G, Lu X. Molecular Oxygen Promoted Oxidative cleavage of Carbon−Palladium Bonds. Catalytic Cyclization of Allylic 2−Alkynoates to α−Alkylidene−γ−butyrolactones by a Pd(II)Complex[J]. *J. Organomet. Chem.*, 1996(508): 83−90.

[118] Zhang C, Lu X. Stereoselective Synthesis of Methyl−3−iodo−2−(1'−hydroxyalkyl)−2(Z)−propenoates and Their Further Transformation to α−(Z)−Iodomethylene−β−lactones[J]. *Synthesis*, 1996: 586−588.

[119] Jiang H, Ma S, Zhu G, et al. Structural Factors Affecting the Selectivities in the Palladium (II) Catalyzed Cyclization of N-Alkyenyl 2-Alkynamides [J]. *Tetrahedron*, 1996, 52 (33): 10945-10954.

[120] Wang Z, Lu X. Tandem Addition Route to γ, δ-Unsaturated Carbonyls [J]. *Chem. Commun.*, 1996: 535-536.

[121] Wang Z, Lu X. Palladium Catalyzed Nucleophile-Alkyne-α, β-Unsaturated Carbonyl Coupling through Tandem Nucleopalladation and Conjugate Addition [J]. *J. Org. Chem.*, 1996, 61 (7): 2254-2255.

[122] Ji J, Wang Z, Lu X. Studies on [PdH] and [PdCl] Catalyzed Intramolecular Cyclization: The Search of a for Better Solution to Selective Enyne Coupling [J]. *Organometallics*, 1996, 15 (12): 2821-2828.

[123] Zhang Z, Lu X. Total Synthesis of Phaseolinic Acid by Enyne Cyclization [J]. *Tetrahedron: Asymmetry*, 1996, 7 (7): 1923-1928.

[124] Lu X, Zhu G, Wang Z, et al. Enyne Cyclization Methodology for the Synthesis of Bioactive Lactones [J]. *Pure Appl. Chem.* 1997, 69 (3): 553-558.

[125] 陆熙炎, 麻生明, 纪建国, 等. 用烯炔偶联环化合成具有生物活性内酯 [J]. 有机化学, 1997, 17 (1): 8-11.

[126] Xu Z, Lu X. Phosphine Catalyzed [3+2] Cycloaddition Reaction of Methyl 2, 3-Butadienoate and N-Tosylimine. A Novel Approach to the Nitrogen Heterocycles [J]. *Tetrahedron Lett.*, 1997, 38 (19): 3461-3464.

[127] Wang Z, Lu X. Palladium Catalyzed Intramolecular Alkyne-α, β-Unsaturated Carbonyl Coupling. A Concise Enantioselective Synthesis of (+)-Pilocarpine [J]. *Tetrahedron Lett.*, 1997, 38 (29): 5213-5216.

[128] Zhang C, Lu X. A Convenient Synthesis of 3-Iodohomoallylic Alcohols and the Further Transformation to α, β-Unsaturated γ-Lactones [J]. *Tetrahedron Lett.*, 1997, 38 (27): 4831-4834.

[129] Lu X, Chen G, Xia L, et al. Total Synthesis of Both Enantiomers of Melodorinol. Redetermination of Their Absolute Configurations [J]. *Tetrahedron: Asymmetry*, 1997, 8 (18): 3067-3072.

[130] Lu X, Zhu G, Wang Z. Enyne Coupling as the Potent Methodology for the Synthesis of Bioactive Molecules [J]. *Synlett*, 1998: 115-121.

[131] Wang Z, Lu X, Lei A, et al. Efficient Preparation of Functionalized (E, Z) Dienes Using Acetylene as the Building Block [J]. *J. Org. Chem.*, 1998, 63(12): 3806-3807.

[132] Xu Z, Lu X. A Novel [3+2] Cycloaddition Approach to Nitrogen Heterocycles via Phosphine-Catalyzed Reactions of 2, 3-Butadienoates or 2-Butynoates and Dimethyl Acetylenedicarboxylate with Imines: A Convenient Synthesis of Pentabromopseudilin [J]. *J. Org. Chem.*, 1998, 63(15): 5031-5041.

[133] Lu X, Chen G. An Efficient Diastereoselective Synthesis of Chiral Ferrocenyl Aldehydes [J]. *Tetrahedron*, 1998 (54): 12539-12546.

[134] Lu X, Ma S. Stereospecific Hydrohalogenation Reactions of Electron-deficient Alkynes [J]. *Chin. J. Chem.*, 1998 (16): 388.

[135] Xu Z, Lu X. Phosphine-Catalysed [3+2] Cycloaddition Reactions of Substituted 2-Alkynoates or 2, 3-Allenoates with Electron-Deficient Olefins and Imines [J]. *Tetrahedron Lett.*, 1999 (40): 549-552.

[136] Xie X, Lu X. Palladium (0)-Catalyzed Tandem Cyclization of N-(2', 4'-dienyl) alkynoamides to α-Alkylidene-γ-lactams [J]. *Tetrahedron Lett.*, 1999 (40): 8415-8418.

[137] Xie X, Lu X. An Efficient Preparation of α-Alkylidene-β-formylmethyl-γ-lactams via Pd(II)-Catalyzed Intramolecular Alkyne-α, β-Unsaturated Carbonyl Coupling [J]. *Synlett*, 2000: 707-709.

[138] Lu X, Wang Z. Role of Halide Ions in Palladium (II) Catalyzed Nucleophile Alkyne-a, b-Unsaturated Carbonyl Coupling Reactions [J]. *Polyhderon*, 2000 (19): 577-579.

[139] Wang Z, Zhang Z, Lu X. Effect of Halide Ligands on the Reactivity of Carbon-Palladium Bonds: Implications for Designing Catalytic Reactions [J]. *Organometallics*, 2000, 19(5): 775-780.

[140] Lei A, Lu X. A Facile Highly Regio- and Stereo-selective Preparation of N-Tosyl Allylic Amines from Allylic Alcohols and Tosyl Isocyanate via Palladium (II)-Catalyzed Aminopalladation-β-Heteroatom Elimination [J]. *Org. Lett.*, 2000, 2(15): 2357-2360.

[141] Lei A, Lu X. Palladium (II)-Catalyzed Tandem Intramolecular

Aminopalladation of Alkynes and Conjugate Addition. Synthesis of Oxazolidinones, Imidazolidinones and Lactams [J]. *Org. Lett.*, 2000, 2 (17): 2699–2702.

[142] Zhang Q, Lu X. Highly Enantioselective Palladium (II)-Catalyzed Cyclization of (Z)-4'-Acetoxy-2'-butenyl 2-Alkynoates. An Efficient Synthesis of Optically Active γ-Butyrolactones [J]. *J. Am. Chem. Soc.*, 2000 (122): 7604–7605.

[143] Lu X, Zhang C, Xu Z. Reactions of Electron-Deficient Alkynes Under Phosphine Catalysis [J]. *Acc. Chem. Res.*, 2001 (34): 535–544.

[144] Lu X, Zhang Q. Effect of Ligands on the Divalent Palladium-Catalyzed Carbon-Carbon Coupling Reactions: Highly Enantioselective Synthesis of Optically Active γ-Butyrolactones [J]. *Pure Appl. Chem.*, 2001, 73 (2): 247–250.

[145] 张庆海, 陆熙炎. 两价钯催化下烯醇钯中间体和亲电试剂的反应研究 [J]. 化学学报, 2001, 59 (10): 1702–1706.

[146] 陆熙炎. 从贫电子炔烃出发的合成方法学研究 [J]. 有机化学, 2001, 21 (11): 769–783.

[147] Xie X, Lu X, Liu Y, et al. Palladium (II)-Catalyzed Synthesis of α-Alkylidene-γ-butyrolactams from N-Allylic-2-Alkynamides. Total Synthesis of (±)-Isocynodine and (±)-Isocynometrine [J]. *J. Org. Chem.*, 2001, 66 (20): 6545–6550.

[148] Zhang Z, Lu X, Xu Z, et al. Role of Halide Ions in Divalent Palladium Mediated Reactions: Competition between β-Heteroatom Elimination and β-Hydride Elimination of a Carbon-Palladium Bond [J]. *Organometallics*, 2001, 20 (17): 3724–3728.

[149] Zhang Q, Lu X, Han X. Palladium (II)-Catalyzed Asymmetric Cyclization of (Z)-4'-Acetoxy-2'-butenyl 2-Alkynoates. Role of Nitrogen-Containing Ligands in Palladium(II)-Mediated Reactions [J]. *J. Org. Chem.*, 2001, 66(23): 7676–7684.

[150] Liu G, Lu X. Palladium (II)-Catalyzed Tandem Reaction of Intramolecular Aminopalladation of Allenyl N-Tosylcarbamates and Conjugate Addition [J]. *Org. Lett.*, 2001, 3 (24): 3879–3882.

[151] Xie X, Lu X, Liu G. Palladium (II) -Catalyzed Cyclization of N- (2', 4'-Dienyl) alkynamides to α-Alkylidene-γ-butyrolactams [J]. *Chin. J. Chem.*, 2001, 19 (12): 1285-1288.

[152] Lei A, Liu G, Lu X. Palladium (II) -Catalyzed Highly Regio- and Diastereoselective Cyclization of Difunctional Allylic N-Tosylcarbamates. A Convenient Synthesis of Optically Active 4-Vinyl-2-oxazolidinones and Total Synthesis of 1, 4-Dideoxy-1, 4-imino-L-xylitol [J]. *J. Org. Chem.*, 2002, 67 (3): 974-980.

[153] Zhang Z, Lu X, Lang S. An Unexpected Reaction of Allylic Propynoate under Palladium (II) Catalysis 1 [J]. *Chin. J. Chem.*, 2002, 20 (11): 1287-1290.

[154] Liu G, Lu X. Palladium (II) -Catalyzed Coupling Reactions of Alkynes and Allylic Compounds Initiated by Intramolecular Carbopalldation of Alkynes [J]. *Tetrahedron Lett.*, 2002 (43): 6791-6794.

[155] Zhao L, Lu X. Palladium (II) -Catalyzed Three-Component Coupling Reaction Initiated by Acetoxypalladation of Alkynes: An Efficient Route to γ, δ-Unsaturated Carbonyls [J]. *Org. Lett.*, 2002, 4 (22): 3903-3906.

[156] Zhao L, Lu X. Pd^{II}-Catalyzed Intramolecular Cyclization of Alkynes with Aldehydes, Ketones or Nitriles Initiated by Acetoxypalladation of Alkynes [J]. *Angew. Chem.Int.Ed*, 2002, 41 (22): 4343-4345.

[157] Du Y, Lu X, Yu Y. Highly Regioselective Construction of Spirocycles via Phosphine-Catalyzed [3+2] Cycloaddition [J]. *J. Org. Chem.*, 2002, 67 (25): 8901-8906.

[158] Lu C, Lu X. Tandem Reactions to Construct Heterocycles via Phosphine-Catalyzed Umpolung Addition and Intramolecular Conjugate Addition [J]. *Org. Lett.*, 2002, 4 (26): 4677-4679.

[159] Liu G, Lu X. Palladium (II) -Catalyzed Allenoic Acids-α, β-Unsaturated Carbonyl Coupling through Tandem Reactions of Intramolecular Oxypalladation and Conjugate Addition [J]. *Tetrahedron Lett.*, 2003 (44): 127-130.

[160] Liu G, Lu X. One-Pot Synthesis of Tetrahydrofuran Derivatives via a Divalent Palladium-Catalyzed Three-Component Coupling [J]. *Tetrahedron Lett.*, 2003 (44): 467-470.

[161] Du Y, Lu X, Zhang C. The First Example of a Catalytic Carbon-Phosphorus Ylide Reaction. A Novel Phosphine-Catalyzed [3+2] Cycloaddition of 2-Bromo- or 2-Acetoxymethyl-2-alkenoates with Electron-Deficient Olefins [J]. *Angew. Chem. Int. Ed.*, 2003, 42 (9): 1035-1037.

[162] Du Y, Lu X. A Phosphine-Catalyzed [3+2] Cycloaddition Strategy Leading to the First Total Synthesis of (−)-Hinesol [J]. *J. Org. Chem.*, 2003, 68 (16): 6463-6465.

[163] Lei A, Lu X, Liu G. A Novel Highly Regio- and Diastereo-selective Haloamination of Alkenes Catalyzed by Divalent Palladium [J]. *Tetrahedron Lett.*, 2004 (45): 1785-1788.

[164] Du Y, Han X, Lu X. Alkaloids-Catalyzed Regio- and Enantioselective Allylic Nucleophilic Substitution of tert-Butyl Carbonate of the Morita-Baylis-Hillman Products [J]. *Tetrahedron Lett.*, 2004 (45): 4967-4971.

[165] Lu C, Lu X. Unexpected Results in the Reaction of Active Methylene Compounds with Phenylsulfonyl-1, 2-propadiene Triggered by Triphenylphosphine [J]. *Tetrahedron*, 2004 (60): 6575-6579.

[166] Zhang Q, Xu W, Lu X. Cycloisomerization of 1, 6-Enynes Using Acetate as a Nucleophile under Palladium (II) Catalysis [J]. *J. Org. Chem.*, 2005, 70 (4): 1505-1507.

[167] Zhao L, Lu X, Xu W. Palladium (II)-Catalyzed Enyne Coupling Reaction Initiated by Acetoxypalladation of Alkynes and Quenched by Protonolysis of the Carbon-Palladium Bond [J]. *J. Org. Chem.*, 2005, 70 (10): 4059-4063.

[168] Du Y, Feng J, Lu X. A Phosphine-Catalyzed [3+6] Annulation Reaction of Modified Allylic Compounds and Tropone [J]. *Org. Lett.*, 2005, 7 (10): 1987-1989.

[169] Lu X. Control of the β-Hydride Elimination Making Palladium-Catalyzed Coupling Reactions More Diversified [J]. *Topics in Catalysis*, 2005, 35 (1-2): 73-86.

[170] 韩秀玲, 刘桂霞, 陆熙炎. 钯催化反应中的 β-氢消除反应 [J]. 有机化学, 2005, 25 (10): 1182-1197.

[171] Lu X, Lin S. Pd (II)-Bipyridine Catalyzed Conjugate Addition of Arylboronic

Acid to α, β-Unsaturated Carbonyl Compounds [J]. *J. Org. Chem.*, 2005, 70 (23): 9651-9653.

[172] Lu X, Du Y, Lu C. Synthetic Methodology Using Tertiary Phosphines as Nucleophilic Catalysts [J]. *Pure Appl. Chem.*, 2005, 77 (12): 1985-1990.

[173] Lu X, Lu Z, Zhang X. Phosphine-Catalyzed One-Pot Synthesis of Cyclopentenes from Electron-Deficient Allene, Malononitrile and Aromatic Aldehydes [J]. *Tetrahedron*, 2006 (62): 457-460.

[174] Kong A, Han X, Lu X. Highly Efficient Construction of Benzene Ring in Carbazoles by Palladium-Catalyzed Endo-Mode Oxidative Cyclization of 3-(3'-Alkenyl) indoles [J]. *Org. Lett.*, 2006, 8 (7): 1339-1342.

[175] Xu W, Kong A, Lu X. Palladium (II) -Catalyzed Asymmetric Synthesis of (Z) -α-Alkylidene-γ-Butyrolactams from (Z) -N-Allylic 2-Alkynamides. Total Synthesis of (-) -Isocynometrine [J]. *J. Org. Chem.*, 2006, 71 (10): 3854-3858.

[176] Shen Z, Lu X, Lei A. Highly Enantioselective Hydrogenation of Exocyclic Double Bond of N-tosyloxazolidinones Catalyzed by a Neutral Rhodium Complex and Its Synthetic Applications [J]. *Tetrahedron*, 2006 (62): 9237-9246.

[177] Zhao B, Lu X. Palladium (II) -Catalyzed Addition of Arylboronic Acid to Nitriles [J]. *Tetrahedron Lett.*, 2006 (47): 6765-6768.

[178] Lin S, Lu X. Palladium-Bipyridine Catalyzed Conjugate Addition of Arylboronic Acids to α, β-Unsaturated Carbonyl Compounds in Aqueous Media [J]. *Tetrahedron Lett.*, 2006 (47): 7167-7170.

[179] Shen Z, Lu X. Palladium (II) -Catalyzed Tandem Intramolecular Aminopalladation of 2-Alkynylanilines and Conjugate Addition for Synthesis of 2, 3-Disubstituted Indoles Derivatives [J]. *Tetrahedron*, 2006 (62): 10896-10899.

[180] Zhao B, Lu X. Cationic Palladium (II) -Catalyzed Addition of Arylboronic Acids to Nitriles. One-Step Synthesis of Benzofurans from Phenoxyacetonitriles [J]. *Org. Lett.*, 2006, 8 (26): 5987-5990.

[181] Liu G, Lu X. Cationic Palladium Complex Catalyzed Highly Enantioselective Intramolecular Addition of Arylboronic Acids to Ketones. A Convenient Synthesis of Optically Active Cycloalkanols [J]. *J. Am. Chem. Soc.*, 2006, 128 (51):

16504—16505.

[182] Song J, Shen Q, Xu F, et al. The Use of Iminopyridines as Efficient Ligands in the Palladium (II) -Catalyzed Cyclization of (Z) -40-Acetoxy-20-Butenyl 2-Alkynoates[J]. *Tetrahedron*, 2007 (63): 5148-5153.

[183] Feng J, Lu X, Kong A, et al. A Highly Regio- and Stereo-Selective [3+2] Annulation of Allylic Compounds and 2-Substituted 1, 1-Dicyanoalkenes through a Catalytic Carbon - Phosphorus Ylide Reaction [J]. *Tetrahedron*, 2007 (63): 6035-6041.

[184] Song J, Shen Q, Xu F, et al. Cationic Pd (II) -Catalyzed Enantioselective Cyclization of Aroylmethyl 2-Alkynoates Initiated by Carbopalladation of Alkynes with Arylboronic Acids[J]. *Org. Lett.*, 2007, 9 (15): 2947-2950.

[185] Dai H, Lu X. Diastereoselective Synthesis of Arylglycine Derivatives by Cationic Palladium (II) -Catalyzed Addition of Arylboronic Acids to N- tert- Butanesulfinyl Imino Esters[J]. *Org. Lett.*, 2007, 9 (16): 3077-3080.

[186] Liu G, Lu X. Cationic Palladium-Catalyzed [5+2] Annulation: Synthesis of 1-Benzoxepines from 2-Aroylmethoxyarylboronic Acids [J]. *Advanced Synthesis & Catalysis*, 2007, 349 (14-15): 2247-2252.

[187] Yang M, Zhang X, Lu X. Cationic Palladium (II) -Catalyzed Highly Enantioselective [3+2] Annulation of 2-Acylarylboronic Acids with Substituted Alkynes[J]. *Org. Lett.*, 2007, 9 (24): 5131-5133.

[188] Lin S, Lu X. Cationic Pd (II) /Bipyridine-Catalyzed Addition of Arylboronic Acids to Aldehydes. One-Pot Synthesis of Unsymmetrical Triarylmethanes[J]. *J. Org. Chem.*, 2007, 72 (25): 9757-9760.

[189] Dai H, Yang M, Lu X. Palladium (II) -Catalyzed One-Pot Enantioselective Synthesis of Arylglycine Derivatives from Ethyl Glyoxylate, p-Toluenesulfonyl Isocyanate and Arylboronic Acids [J]. *Adv. Synth. Catal.*, 2008 (350): 249-253.

[190] Liu G, Lu X. Palladium (II) -Catalyzed Intramolecular Addition of Arylboronic Acids to Ketones[J]. *Tetrahedron*, 2008 (64): 7324-7330.

[191] Lu Z, Zheng S, Zhang X, et al. An Unexpected Phosphine-Catalyzed [3 + 2] Annulation. Synthesis of Highly Functionalized Cyclopentenes [J]. *Org. Lett.*,

2008, 10 (15): 3267-3270.

[192] Zheng S, Lu X. A Phosphine-Catalyzed [3 + 2] Annulation Reaction of Modified Allylic Compounds and N-Tosylimines [J]. *Org. Lett.*, 2008, 10(20): 4481-4484.

[193] Zhou F, Yang M, Lu X. Cationic Palladium (II) -Catalyzed Highly Enantioselective Tandem Reactions of ortho-Boronate- Substituted Cinnamic Ketones and Internal Alkynes. A Convenient Synthesis of Optically Active Indenes [J]. *Org. Lett.*, 2009, 11 (6): 1405-1408.

[194] Dai H, Lu X. Palladium (II) /2, 2'-Bipyridine-Catalyzed Addition of Arylboronic Acids to N-Tosyl-Arylaldimines [J]. *Tetrahedron Lett.*, 2009(50): 3478-3481.

[195] Han X, Lu X. Novel Palladium-Catalyzed Acyloxylation/Cyclization of 2-(3'-Alkenyl) indoles [J]. *Org. Lett.*, 2009, 11 (11): 2381-2384.

[196] Zheng S, Lu X. Phosphine-Catalyzed [3+3] Annulation Reaction of Modified tert-butyl Allylic Carbonates and Substituted Alkylidenemalononitriles [J]. *Tetrahedron Lett.*, 2009 (50): 4532-4535.

[197] Zheng S, Lu X. Phosphine-Catalyzed [4 + 3] Annulation for the Synthesis of Highly Functionalized Bicyclo[3.2.2]nonadienes [J]. *Org. Lett.*, 2009, 11(17): 3978-3981.

[198] Yu X, Lu X. Cationic Palladium Complex Catalyzed Diastereo- and Enantioselective Tandem Annulation of 2-Formylarylboronic Acids with Allenoates [J]. *Org. Lett.*, 2009, 11 (19): 4366-4369.

[199] Shen Z, Lu X. Cupric Halide-Mediated Intramolecular Halocyclization of N-Electron-Withdrawing Group-Substituted 2-Alkynylanilines for the Synthesis of 3-Haloindoles [J]. *Adv. Synth. Catal.*, 2009 (351): 3107-3112.

[200] Han X, Lu X. Control of Chemoselectivity by Counteranions of Cationic Palladium Complexes: A Convenient Enantioselective Synthesis of Dihydrocoumarins [J]. *Org. Lett.*, 2010, 12 (1): 108-111.

[201] Lin S, Lu X. Cationic Pd (II) /Bipyridine-Catalyzed Conjugate Addition of Arylboronic Acids to β, β-Disubstituted Enones: Construction of Quaternary Carbon Centers [J]. *Org. Lett.*, 2010, 12 (11): 2536-2539.

[202] Han X, Lu X. Cationic Pd (II) -Catalyzed Tandem Reaction of 2-Arylethynylanilines and Aldehydes: An Efficient Synthesis of Substituted 3-Hydroxymethyl Indoles[J]. Org. Lett., 2010, 12 (15): 3336-3339.

[203] Wang H, Han X, Lu X. Pd (II) -Catalyzed Annulation of N-Benzyl-N-Aroylmethyl-2-Alkynamides with Arylboronic Acids: an Efficient Synthesis of Highly Substituted α-Alkylidene-β-Hydroxy-γ-Lactams [J]. Tetrahedron, 2010 (66): 9129-9134.

[204] Yu X, Lu X. Efficient Synthesis of 9-Tosylaminofluorene Derivatives by BF3.Et2O-Catalyzed Aza-Friedel-Crafts reaction of in situ Generated N-Tosylbenzaldimines[J]. Adv. Synth. Catal., 2011 (353): 569-574.

[205] Zhou F, Han X, Lu X. Palladium (II) -Catalyzed Synthesis of Functionalized Indenes from o-Alkynylbenzylidene Ketones[J]. J. Org. Chem., 2011, 76 (5): 1491-1494.

[206] Yu X, Lu X. Facile Cu(OTf)2-Catalyzed Preparation of 9-Tosylaminofluorene Derivatives from o-Arylated N-Tosylbenzaldimines [J]. Tetrahedron Lett., 2011 (52): 2076-2079.

[207] Zhou F, Lu X. Synthesis of Indoles via Palladium-Catalyzed C-H Activation of N-Aryl Amides Followed by Coupling with Alkynes[J]. Tetrahedron Lett., 2011 (52): 4681-4685.

[208] Yu X, Lu X. Cationic Palladium Complex Catalyzed Diastereo-Selective Tandem Annulation of 2-Iminoarylboronic Acids with Substituted Alkynes: Enantioselective Synthesis of Amino-indene Derivatives by Double Asymmetric Induction[J]. Adv. Synth. Catal., 2011 (353): 2805-2813.

[209] Wang H, Han X, Lu X. Cationic Palladium (II) -Catalyzed Synthesis of 2-Substituted 3-Hydroxymethylbenzo [b]-furans[J]. Synlett, 2011 (17): 2590-2594.

[210] Wang H, Han X, Lu X. Pd (OAc) 2-Catalyzed Tandem Reactions for the Synthesis of Indol-3-yl Substituted 1H-Isochromenes and 1, 2-Dihydro-isoquinolines[J]. Chin, J. Chem., 2011 (29): 2611-2618.

[211] Shen K, Han X, Lu X. Cationic Pd (II) -Catalyzed Highly Enantioselective Arylative Cyclization of Alkyne-Tethered Enals or Enones Initiated by

Carbopalladation of Alkynes with Arylboronic Acids[J]. *Org. Lett.*, 2012, 14(7): 1756−1759.

[212] Xia G, Han X, Lu X. Palladium (II) −Catalyzed Cyclization Reaction of 2− (Alk-2'−ynyloxy) benzonitriles or 2− (Alk-2'−ynylamino) benzonitriles: A Facile Way to 2H−Chromene and 1, 2−Dihydroquinoline Derivatives [J]. *Adv. Synth. Catal.*, 2012 (354): 2701−2705.

[213] Shen K, Han X, Lu X. Cationic Pd (II) −Catalyzed Reductive Cyclization of Alkyne−Tethered Ketones or Aldehydes Using Ethanol as Hydrogen Source [J]. *Org. Lett.*, 2013, 15 (7): 1732−1735.

[214] Liu G, Shen Y, Zhou Z, et al. Rhodium (III) −Catalyzed Redox−Neutral Coupling of N−Phenoxyacetamides and Alkynes with Tunable Selectivity [J]. *Angew. Chem. Int. Ed.,* 2013 (52): 6033−6037.

[215] Shen Y, Liu G, Zhou Z, et al. Rhodium (III) −Catalyzed C−H Olefination for the Synthesis of ortho−Alkenyl Phenols Using an Oxidizing Directing Group [J]. *Org. Lett.*, 2013, 15 (13): 3366−3369.

[216] Wang H, Han X, Lu X. Palladium (II) −Catalyzed Tandem Annulation Reaction of o−Alkynylbenzoates with Methyl Vinyl Ketone for the Synthesis of Isocoumarins[J]. *Tetrahedron*, 2013 (69): 8626−8631.

[217] Su T, Han X, Lu X. Palladium (II) −Catalyzed Oxidative Annulation of Alkenylindoles with Alkynes Initiated by C−H Activation [J]. *Tetrahedron Lett.*, 2014 (55): 27−30.

[218] Xia G, Han X, Lu X. Pd (II) −Catalyzed One−Step Construction of Cycloalkane−Fused Indoles and Its Application in Formal Synthesis of (±) −Aspidospermidine[J]. *Org. Lett.*, 2014 (16): 2058−2061.

[219] Zhou Z, Liu G, Shen Y, et al. Synthesis of Benzofurans via Ruthenium− Catalyzed Redox−Neutral C−H Functionalization and Reaction with Alkynes under Mild Conditions[J]. *Org. Chem. Front.*, 2014 (1): 1161−1165.

[220] Xia G, Han X, Lu X. Efficient Synthesis of Heterocycle−Fused β −Naphthylamines via Intramolecular Addition to a Cyano Group Initiated by Nucleopalladation of Alkynes[J]. *Org. Lett.*, 2014 (16): 6184−6187.

[221] Shen K, Han X, Xia G, et al. Cationic Pd (II) −Catalyzed Cyclization of

N-Tosyl-Aniline Tethered Alkynyl Ketones Initiated by Hydropalladation of Alkynes: a Facile Way to 1, 2-Dihydro or 1, 2, 3, 4-Tetrahydroquinoline Derivatives[J]. *Org. Chem. Front.*, 2015 (2): 145-149.

[222] Zhang J, Han X, Lu X. Synthesis of 2-Quinolinones through Palladium (II) Acetate Catalyzed Cyclization of N- (2-Formylaryl) alkynamides[J]. *Synlett*, 2015 (26): 1744-1748.

[223] Zhang X, Han X, Lu X. Cationic Pd (II) -Catalyzed Cyclization of N-Tosyl-aniline Tethered Allenyl Aldehydes with Arylboronic Acids: Diastereo- and Enantioselective Synthesis of Tetrahydroquinoline Derivatives [J]. *Org. Lett.*, 2015 (17): 3910-3913.

[224] Zhou Z, Liu G, Chen Y, et al. Rhodium (III) -Catalyzed Redox-Neutral C-H Annulation of Arylnitrones and Alkynes for the Synthesis of Indole Derivatives[J]. *Adv. Synth. Catal.*, 2015 (357): 2944-2950.

[225] Zhou Z, Liu G, Chen Y, et al. Cascade Synthesis of 3-Alkylidene Dihydrobenzofuran Derivatives via Rhodium (III) -Catalyzed Redox-Neutral C-H Functionalization/ Cyclization[J]. *Org, Lett.*, 2015 (17): 5874-5877.

[226] Zhang J, Han X, Lu X. Synthesis of Indole-substituted Indanones via Palladium (II) -Catalyzed Tandem Reaction of ortho-Electron-Deficient Alkynyl Substituted Aryl Aldehydes with Indoles [J]. *Org. Lett.*, 2016 (18): 2898-2901.

[227] Zhang J, Han X, Lu X. Synthesis of Cyclohexane-Fused Isocoumarins via Cationic Palladium (II) -Catalyzed Cascade Cyclization Reaction of Alkyne-Tethered Carbonyl Compounds Initiated by Intra-molecular Oxypalladation of Ester-Substituted Aryl Alkynes[J]. *J. Org. Chem.*, 2016 (81): 3423-3429.

[228] Zhou Z, Liu G, Lu X. Regiocontrolled Coupling of Aromatic and Vinylic Amides with α-Allenols to Form γ-Lactams via Rhodium (III) -Catalyzed C-H Activation[J]. *Org. Lett.*, 2016 (18): 5668-5671.

[229] Chen J, Han X, Lu X. Atom-Economic Synthesis of Pentaleno [2, 1-b] indoles via Tandem Cyclization of Alkynones Initiated by Aminopalladation[J]. *J. Org. Chem.*, 2017 (82): 1977-1985.

[230] Zhang X, Han X, Chen J, et al. Cationic Pd (II) -Catalyzed Arylative

Cyclization of N-(2-formylaryl) Alkynamides: An Efficient Route to 2-Quinolinones[J]. *Tetrahedron*, 2017（73）: 1541-1550.

著作

[231] Tsutsui M, Ishii Y, Huang Y, et al. Fundamental Research in Organometallic Chemistry[M]. Science Press and van Noarend reinhold, 1982.

[232] Huang Y, Yamamoto A, Teo B K, et al. New Frontiers in Organometallic and Inorganic Chemistry[M]. Beijing: Science Press, 1984.

[233] 山本明夫（著）. 有机金属化学：基础与应用[M]. 陈惠麟, 陆熙炎（译）. 北京：科学出版社，1997.

[234] Murahashi S, Davies S G, Lu X, et al. Transition Metal Catalyzed Reactions[M]. Oxford: Blackwell Science, 1999.

[235] Scolastico C, Nicotra F, Lu X, et al. Current Trends in Organic Synthesis[M]. New York: Kluwer Academic/Plenum Publishers, 1999.

[236] 陆熙炎主编. 金属有机化合物的反应化学[M]. 北京：化学工业出版社，2000.

[237] Negishi E, de Meijere A, Lu X. Handbook of Organopalladium Chemistry for Organic Synthesis[M]. New York: John Wiley & Sons, 2002.

[238] Roberts S M, Xiao J, Whittall J, et al. Catalysts for Fine Chemical Synthesis, Vol. 3, Metal Catalysed Carbon-Carbon Bond-Forming Reactions[M]. New York: John Wiley & Sons, 2004.

[239] Ma S, Lu X, Han X. Handbook of Cyclization Reactions[M]. Weinheim: Wiley-VCH Verlag GmbH & Co. KgaA, 2010.

参考文献

中文文献

[1]《胡乔木传》编写组. 我所知道的胡乔木[M]. 北京：当代中国出版社，2012.

[2]《王葆仁先生百年诞辰纪念文集》编委会. 王葆仁先生百年诞辰纪念文集[M]. 杭州：浙江大学出版社，2009.

[3] 陆熙炎. 在无机化学和有机化学之间建立桥梁[J]. 有机化学，1983（3）：58，71-82.

[4] 壮心不已 攻关不止——记"以烯烃或炔烃衍生物为原料的合成方法学研究"项目完成人陆熙炎院士[J]. 中国科技奖励，2000，8（4）：23-24.

[5] 白春礼，钱伟长，张兆国. 20世纪中国知名科学家学术成就概览（化学卷，第三分册）[M]. 北京：科学出版社，2014.

[6] 陈家碧，雷桂馨，陆熙炎. 双（1-二乙膦基-2-二苯膦基乙烷）双（分子氮）钼（0）[$Mo(N_2)_2(Et_2PCH_2CH_2PPh_2)_2$]的合成[J]. 科学通报，1980（14）：635-637.

[7] 崔益军. 院士写真——崔益军摄影作品集[M]. 上海：上海科学普及出版社，1998.

［8］戴立信，丁奎岭，朱晶. 从合成结晶牛胰岛素到合成我们的未来［J］. 生命科学，2015（6）：676-680.

［9］戴立信，陆熙炎，朱光美. 手性技术的兴起［J］. 化学通报，1995（6）：15-26.

［10］第二次全国金属有机化学学术讨论会. 第二次全国金属有机化学学术讨论会论文摘要集［M］. 武汉：武汉大学出版社，1984.

［11］杜灿屏. 21世纪有机化学发展战略［M］. 北京：化学工业出版社，2002.

［12］费滨海. 院士春秋（第二卷）［M］. 上海：东方出版中心，2007.

［13］顾树新，张士朗. 南京大学校友英华［M］. 南京：南京大学出版社，1992.

［14］顾廷龙. 清代朱卷集成［M］. 台湾：成文出版社有限公司，1992.

［15］郭沫若. 中国跨进了原子能时代——答"世界知识"记者问［J］. 世界知识，1958（14）：6.

［16］韩秀玲，刘桂霞，陆熙炎. 钯催化反应中的 β-氢消除反应［J］. 有机化学，2005（10）：1182-1197.

［17］黄赛棠，陆熙炎. 一些钼络合物的 X 光电子能谱［J］. 有机化学，1983（1）：37-38.

［18］黄煜津，陆熙炎. 钯催化烯丙基偕二醇二醋酸酯和各种亲核试剂的反应［J］. 化学学报，1988（11）：1113-1119.

［19］黄煜津，陆熙炎. 烯丙基-1,1-偕二醇二醋酸酯作为 a1、a3 合成子的研究——合成双环［3.3.1］壬烷-9-酮衍［J］. 化学学报，1988（9）：908-912.

［20］黄蕴深. 吴县城区附刊（全）［M］. 台湾：成文出版社有限公司，1983.

［21］江焕峰. 开链2-炔酸衍生物的分子内环化反应研究［D］. 上海：中国科学院上海有机化学研究所，1993.

［22］林英瑞，何子鑑，胡光明，等. 不同桥连原子的半胱氨酸钼络合物对乙炔催化还原活性的研究［J］. 科学通报，1981（11）：666-669.

［23］刘晓. 赵承嘏与北平研究院药物研究所［J］. 中国科学：生命科学，2016，46（7）：890-896.

［24］龙海燕，陆熙炎. 高纯度二（2-乙基己基）磷酸的制备［J］. 原子能科学技术，1964（6）：742-745.

［25］陆熙炎，黄吉玲，朱景仰. 镍配合物催化的亚磷酸烯丙酯重排反应［J］. 化

学学报，1985（43）：702-703.

[26] 陆熙炎，黄煜津. 钯配合物催化的亚磺酸烯丙酯重排反应 [J]. 化学学报，1984（42）：835-837.

[27] 陆熙炎，麻生明. Stereospecific hydrohalogenation reactions of electron-deficient alkynes [J]. 中国化学（英文版），1998（5）：388-396.

[28] 陆熙炎，麻生明. 用烯炔偶联环化合成具有生物活性内脂 [J]. 有机化学，1997（1）：8-11.

[29] 陆熙炎，王国樑. 有机磷化合物的研究Ⅳ：环己基膦酰二氯与高碳醇的醇解反应 [J]. 化学学报，1964，30（6）：532-539.

[30] 陆熙炎，徐元耀，李祖义. 仿生化学进展近况 [J]. 有机化学，1978（3）：28-50.

[31] 陆熙炎，朱景仰. 无水二氯化镍催化下醋酸烯丙酯与亚磷酸二酯的反应 [J]. 化学学报，1987（3）：312-314.

[32] 陆熙炎. $UO_2(NO_3)_2$-HNO_3-TBP-煤油萃取系统中有机相的变化及其与乳化的关系 [J]. 原子能科学技术，1962（7）：508-515，542.

[33] 陆熙炎. 八十年一瞬间 // 陆熙炎院士八秩华诞志庆集 [M]. 上海有机化学研究所，2008.

[34] 陆熙炎. 参加第三次中、日、美金属有机化学讨论会的几点收获 [J]. 有机化学，1985（2）：163-172.

[35] 陆熙炎. 从贫电子炔烃出发的合成方法学研究 [J]. 有机化学，2001（11）：769-784.

[36] 陆熙炎. 从炔烃衍生物出发的有机合成方法学 [J]. 有机化学，1993（3）：227-244.

[37] 陆熙炎. 化学反应的选择性和金属有机化学 [J]. 有机化学，1986（4）：257-268.

[38] 陆熙炎. 化学革新的一条道路——二十一世纪是化学的时代 [J]. 世界科学译刊，1979（3）：1-5.

[39] 陆熙炎. 金属有机化合物在有机合成中应用的最新动态——参加 IUPAC OMCOS-Ⅱ会议及在法国参观见闻 [J]. 有机化学，1984（2）：135-145.

[40] 陆熙炎. 金属有机化学-无机化学和有机化学的交界学科 [J]. 有机化学，1983（4）：293-301.

[41] 陆熙炎. 近年来钛有机化合物在精细有机合成中的新应用[J]. 有机化学, 1982（1）: 67-70.

[42] 陆熙炎. 绿色化学与有机合成及有机合成中的原子经济性[J]. 化学进展, 1998（2）: 123-131.

[43] 陆熙炎. 模拟酶——从合成化学角度谈仿生化学[J]. 自然杂志, 1979（1）: 39-42, 50.

[44] 陆熙炎. 有机金属化学[J]. 有机化学, 1978（1）: 56-59.

[45] 陆熙炎. 金属有机化合物的反应化学[M]. 北京: 化学工业出版社, 2000.

[46] 陆熙炎, 叶功新, 袁承业. 有机磷化合物的研究 II: 烷基膦酸的纸层析和纸电泳分离法[J]. 化学学报, 1964, 30（5）: 471-477.

[47] 路甬祥, 中国科学院院士工作局. 中国科学院院士画册（化学部分册）[M]. 济南: 山东教育出版社, 2006.

[48] 麻生明. 分子内的 Heck 反应[J]. 有机化学, 1991（11）: 561-573.

[49] 麻生明. 金属参与的现代有机合成反应[M]. 广州: 广东科技出版社, 2001.

[50] 麻生明. 利用不饱和碳－碳键加成反应的新合成方法研究[D]. 上海: 中国科学院上海有机化学研究所, 1990.

[51] 马春林, 马永祥, 陆熙炎. 铱配合物催化下炔基甲脒异构化反应的研究[J]. 高等学校化学学报, 1995（8）: 1251-1254.

[52] 梅斌夫, 赵承嘏. 两种有毒植物黄藤和菜虫药及其鉴定[J]. 中华医学杂志, 1938（54）: 37-39.

[53] 钱文藻, 何仁甫. 两院院士 中国科学院院士[M]. 北京: 人民日报出版社, 2002.

[54] 山本明夫. 有机金属化学——基础与应用[M]. 陈惠麟, 陆熙炎, 译. 北京: 科学出版社, 1997.

[55] 陶晓春, 陆熙炎. 一个灵敏的三取代磷（膦）化合物的显色剂[J]. 化学试剂, 1985, 7（4）: 225-226.

[56] 汪猷, 陆熙炎, 林文德, 等. 自 L-双氢链糖酸内酯合成 L-双氢链糖[J]. 化学学报, 1959（5）: 254-265.

[57] 王欢, 韩秀玲, 陆熙炎. Pd(OAc)2-Catalyzed Tandem Reactions for the Synthesis of Indol-3-yl Substituted 1H-Isochromenes and 1, 2-Dihydroisoquinolines[J].

中国化学（英文版），2011（12）：2611-2618.

[58] 王咸昌. 当代中国自然科学学者大辞典[M]. 杭州：浙江大学出版社，1992.

[59] 王忠. 钯催化下炔烃的反应化学及其合成应用[D]. 上海：中国科学院上海有机化学研究所，1996.

[60] 向山光昭，陆熙炎. 新有机合成反应的研究（I）[J]. 有机化学，1982（1）：52-60.

[61] 新华社. 我国在世界上第一次人工合成结晶胰岛素[N]. 人民日报，1966-12-24.

[62] 何梁何利基金评选委员会. 何梁何利奖1999[M]. 北京：中国科学技术出版社，2000.

[63] 叶青，黄艳红，朱晶. 举重若重：徐光宪传[M]. 北京：中国科学技术出版社，2013.

[64] 袁宝华. 中国改革大辞典（上）[M]. 海口：海南出版社，1992.

[65] 袁承业，龙海燕，盛志初，等. 有机萃取剂的研究[J]. 原子能科学技术，1963（9）：674-687.

[66] 张劲夫. 请历史记住他们——关于中国科学院与"两弹一星"的回忆[N]. 人民日报，1999-05-06.

[67] 张钧. 当代中国的航天事业[M]. 北京：中国社会科学出版社，1986.

[68] 张礼和. 化学学科进展[M]. 北京：化学工业出版社，2005.

[69] 张滂. 有机合成进展[M]. 北京：科学出版社，1992.

[70] 张庆海，陆熙炎. 两价钯催化下烯醇钯中间体和亲电试剂的反应研究[J]. 化学学报，2001（10）：1702-1707.

[71] 张耘田. 苏州当代艺文志（第1册）[M]. 扬州：广陵书社，2009.

[72] 张耘田. 苏州当代艺文志（第5册）[M]. 扬州：广陵书社，2009.

[73] 赵承嘏，梅斌夫. 中国雷公藤之研究（I）[J]. 中国生理学杂志，1936（10）：529-534.

[74] 赵匡华. 中国化学史（近现代卷）[M]. 南宁：广西教育出版社，2003.

[75] 中共上海市科技教育工作委员会. 爱国奉献、创新求实——院士精神研究报告[M]. 上海：上海教育出版社，2007.

[76] 中国化学会. 2000年的中国研究资料（第51集）：化学科学国内外水平和差

距［M］. 中国科协 2000 年的中国研究办公室，1985.

［77］中国化学会，中国科学院化学研究所. 献上我心中的花环：纪念著名化学家王葆仁［M］. 北京：科学出版社，1988.

［78］中国科学院. 中国科学院一九五五年抗菌素学术会议会刊［M］. 北京：科学出版社，1958.

［79］中国科学院学部联合办公室. 1991 中国科学院学部委员［M］. 杭州：浙江科学技术出版社，1993.

［80］中国人物年鉴社. 中国人物年鉴 2000［M］. 北京：中国人物年鉴社，1999.

［81］中外名人研究中心. 中国当代名人录［M］. 上海：上海人民出版社，1991.

［82］周向群，中共苏州市委宣传部等. 院士风采录［M］. 苏州：古吴轩出版社，1998.

［83］朱国新. 钯催化烯炔分子内幻化反应的立体化学及其在天然产物不对称合成中的应用［D］. 上海：中国科学院上海有机化学研究所，1995.

［84］朱晶，黄智静. 虚怀若谷：黄维垣传［M］. 上海：上海交通大学出版社／北京：中国科学技术出版社，2015.

［85］朱晶，叶青. 根深方叶茂：唐有祺传［M］. 北京：中国科学技术出版社／上海：上海交通大学出版社，2017.

［86］朱晶，叶青. 共振论争论的科学之维［J］. 自然辩证法研究，2016，32（6）：70-75.

［87］邹承鲁. 对人工合成结晶牛胰岛素的回忆［N］. 光明日报，1998-01-30.

外文文献

［88］Chen J, Han X, Lu X. Atom-Economic Synthesis of Pentaleno［2, 1-b］indoles via Tandem Cyclization of Alkynones Initiated by Aminopalladation［J］. *J. Org. Chem*., 2017（82）：1977-1985.

［89］Du Vigneaud V. Trail of Sulfur Research：From Insulin to Oxytocin［J］. *Science*, 1956, 123（3205）：967-974.

［90］Han X, Lu X. Cationic Pd（Ⅱ）-Catalyzed Tandem Reaction of 2-Arylethynylanilines and Aldehydes：An Efficient Synthesis of Substituted 3-Hydroxymethyl Indoles［J］. *Org. Lett*., 2010（12）：3336-3339.

[91] Han X, Lu X. Control of Chemoselectivity by Counteranions of Cationic Palladium Complexes: A Convenient Enantioselective Synthesis of Dihydrocoumarins[J]. *Org. Lett.*, 2010(12): 108–111.

[92] Horst K. Emil Fischer — Unequalled Classicist, Master of Organic Chemistry Research, and Inspired Trailblazer of Biological Chemistry[J]. *Angew Chem Int Ed Engl*, 2002(41): 4439–4451.

[93] Knowles WS. Asymmetric Hydrogenations(Nobel Lecture)[J]. *Angew Chem Int Ed Engl*, 2002(41): 1998–2007.

[94] Lin S, Lu X. Cationic Pd(II)/Bipyridine-Catalyzed Conjugate Addition of Arylboronic Acids to β, β-Disubstituted Enones: Construction of Quaternary Carbon Centers[J]. *Org. Lett.*, 2010(12): 2536–2539.

[95] Liu G, Shen Y, Zhou Z, et al. Rhodium(III)-Catalyzed Redox-Neutral Coupling of N-Phenoxyacetamides and Alkynes with Tunable Selectivity[J]. *Angew. Chem. Int. Ed.*, 2013(52): 6033–6037.

[96] Noyori R. Asymmetric Catalysis: Science and Opportunities(Nobel Lecture)[J]. *Angew Chem Int Ed Engl*, 2002(41): 2008–2022.

[97] Schreiber S L. Using the Principles of Organic Chemistry to Explore Cell Biology[J]. *Chem Eng News*, 1992, 70(43): 22–32.

[98] Shen K, Han X, Lu X. Cationic Pd(II)-Catalyzed Highly Enantioselective Arylative Cyclization of Alkyne-Tethered Enals or Enones Initiated by Carbopalladation of Alkynes with Arylboronic Acids[J]. *Org. Lett.*, 2012(14): 1756–1759.

[99] Shen K, Han X, Lu X. Cationic Pd(II)-Catalyzed Reductive Cyclization of Alkyne-Tethered Ketones or Aldehydes Using Ethanol as Hydrogen Source[J]. *Org. Lett.*, 2013(15): 1732–1735.

[100] Shen K, Han X, Xia G, et al. Cationic Pd(II)-catalyzed cyclization of N-tosyl-aniline tethered alkynyl ketones initiated by hydropalladation of alkynes: a facile way to 1,2-dihydro or 1,2,3,4-tetrahydroquinoline derivatives[J]. *Org. Chem. Front.*, 2015(2): 145–149.

[101] Shen Y, Liu G, Zhou Z, et al. Rhodium(III)-Catalyzed C–H Olefination for the Synthesis of ortho-Alkenyl Phenols Using an Oxidizing Directing Group[J].

Org. Lett., 2013 (15): 3366-3369.

[102] Su T, Han X, Lu X. Palladium (II)-catalyzed oxidative annulation of alkenylindoles with alkynes initiated by C—H activation [J]. *Tetrahedron Lett.*, 2014 (55): 27-30.

[103] Wang H, Han X, Lu X. Cationic Palladium (II)-Catalyzed Synthesis of 2-Substituted 3-Hydroxymethylbenzo [b]-furans [J]. *Synlett*, 2011: 2590-2594.

[104] Wang H, Han X, Lu X. Palladium (II)-catalyzed tandem annulation reaction of o-alkynylbenzoates with methyl vinyl ketone for the synthesis of isocoumarins [J]. *Tetrahedron*, 2013 (69): 8626-8631.

[105] Wang H, Han X, Lu X. Pd (II)-catalyzed annulation of N-benzyl-N-aroylmethyl-2-alkynamides with arylboronic acids: an efficient synthesis of highly substituted α-alkylidene-β-hydroxy-γ-lactams [J]. *Tetrahedron*, 2010 (66): 9129-9134.

[106] Wang H, Han X, Lu X. Pd (OAc) 2-Catalyzed Tandem Reactions for the Synthesis of Indol-3-yl Substituted 1H-Isochromenes and 1, 2-Dihydro-isoquinolines [J]. *Chin, J. Chem.*, 2011 (29): 2611-2618.

[107] Xia G, Han X, Lu X. Efficient Synthesis of Heterocyle-Fused β-Naphthylamines via Intramolecular Addition to a Cyano Group Initiated by Nucleopalladation of Alkynes [J]. *Org. Lett.*, 2014 (16): 6184-6187.

[108] Xia G, Han X, Lu X. Palladium (II)-Catalyzed Cyclization Reaction of 2-(Alk-2'-ynyloxy) benzonitriles or 2-(Alk-2'-ynylamino) benzonitriles: A Facile Way to 2H-Chromene and 1, 2-Dihydroquinoline Derivatives [J]. *Adv. Synth. Catal.*, 2012 (354): 2701-2705.

[109] Xia G, Han X, Lu X. Pd (II)-Catalyzed One-Step Construction of Cycloalkane-Fused Indoles and Its Application in Formal Synthesis of (±)-Aspidospermidine [J]. *Org. Lett.*, 2014 (16): 2058-2061.

[110] Yu X, Lu X. Cationic Palladium Complex Catalyzed Diastereo-Selective Tandem Annulation of 2-Iminoarylboronic Acids with Substituted Alkynes: Enantioselective Synthesis of Amino-indene Derivatives by Double Asymmetric Induction [J]. *Adv. Synth. Catal.*, 2011 (353): 2805-2813.

[111] Yu X, Lu X. Cationic Palladium-Catalyzed [5+2] Annulation of 2-Acylmethoxyarylboronic Acids and Allenoates: Synthesis of 1-Benzoxepines Derivatives[J]. *J. Org Chem.*, 2011 (76): 6350-6355.

[112] Yu X, Lu X. Efficient Synthesis of 9-Tosylaminofluorene Derivatives by BF3.Et2O-Catalyzed Aza-Friedel-Crafts reaction of in situ Generated N-Tosylbenzaldimines[J]. *Adv. Synth. Catal.*, 2011 (353): 569-574.

[113] Yu X, Lu X. Facile Cu (OTf) 2-catalyzed preparation of 9-tosylaminofluorene derivatives from o-arylated N-tosylbenzaldimines [J]. *Tetrahedron Lett.*, 2011 (52): 2076-2079.

[114] Zhang J, Han X, Lu X. Synthesis of 2-Quinolinones through Palladium (II) Acetate Catalyzed Cyclization of N- (2-Formylaryl) alkynamides[J]. *Synlett*, 2015 (26): 1744-1748.

[115] Zhang J, Han X, Lu X. Synthesis of Cyclohexane-Fused Isocoumarins via Cationic Palladium (ii) -Catalyzed Cascade Cyclization Reaction of Alkyne-ethered Carbonyl Compounds Initiated by Intra-molecular Oxypalladation of Ester-Substituted Aryl Alkynes[J]. *J. Org. Chem.*, 2016 (81): 3423-3429.

[116] Zhang J, Han X, Lu X. Synthesis of Indole-substituted Indanones via Palladium (II) -Catalyzed Tandem Reaction of ortho-Electron-Deficient Alkynyl Seubstituted Aryl Aldehydes with Indoles [J]. *Org. Lett.*, 2016 (18): 2898-2901.

[117] Zhang X, Han X, Chen J, et al. Cationic Pd (II) -catalyzed arylative cyclization of N- (2-formylaryl) alkynamides: An efficient route to 2-quinolinones [J]. *Tetrahedron*, 2017 (73): 1541-1550.

[118] Zhang X, Han X, Lu X. Cationic Pd (II) -Catalyzed Cyclization of N-Tosyl-aniline Tethered Allenyl Aldehydes with Arylboronic Acids: Diastereo- and Enantioselective Synt-hesis of Tetrahydroquinoline Derivatives [J]. *Org. Lett.*, 2015 (17): 3910-3913.

[119] Zhang X, Han X, Lu X. Cationic Pd (II) -Catalyzed Cyclization of N-Tosyl-aniline Tethered Allenyl Aldehydes with Arylboronic Acids: Diastereo- and Enantioselective Synthesis of Tetrahydroquinoline Derivatives[J]. *Synfacts*, 2015 (11): 1058.

[120] Zhou F, Han X, Lu X. Palladium (II) -Catalyzed Synthesis of Functionalized Indenes from o-Alkynylbenzylidene Ketones [J]. *J. Org. Chem.*, 2011 (76): 1491-1494.

[121] Zhou F, Lu X. Synthesis of Indoles via Palladium-Catalyzed C-H Activation of N-Aryl Amides Followed by Coupling with Alkynes [J]. *Tetrahedron Lett.*, 2011 (52): 4681-4685.

[122] Zhou Z, Liu G, Chen Y, et al. Cascade Synthesis of 3-Alkylidene Dihydrobenzofuran Derivatives via Rhodium (III) -Catalyzed Redox-Neutral C-H Functionalization/ Cyclization [J]. *Org, Lett.*, 2015 (17): 5874-5877.

[123] Zhou Z, Liu G, Chen Y, et al. Rhodium (III) -Catalyzed Redox-Neutral C-H Annulation of Arylnitrones and Alkynes for the Synthesis of Indole Derivatives [J]. *Adv. Synth. Catal.*, 2015 (357): 2944-2950.

[124] Zhou Z, Liu G, Lu X. Regiocontrolled Coupling of aromatic and Vinylic Amides with α-Allenols to Form γ-Lactams via Rhodium (III) -Catalyzed C-H Activation [J]. *Org. Lett.*, 2016 (18): 5668-5671.

[125] Zhou Z, Liu G, Shen Y, et al. Synthesis of Benzofurans via Ruthenium-Catalyzed Redox-Neutral C-H Functionalization and Reaction with Alkynes under Mild Conditions [J]. *Org. Chem. Front.*, 2014 (1): 1161-1165.

后 记

从2010年开始参与老科学家学术成长资料采集工作，接触徐光宪先生开始，一晃7年过去了。此后，我陆续与唐有祺先生、黄维垣先生、袁承业先生、戴立信先生、潘君骅先生、陆熙炎先生有过密切的交流。我曾无数次地感叹，感谢采集工程让我有了向这些科学家学习和交流的机会，除了聆听，还有询问与述说。

结识陆熙炎先生，是在2013年从事黄维垣先生的采集工作时的访谈。陆先生的风趣、健谈和直爽，给我留下了深刻的印象。在此后的密集接触中，陆先生的严谨、细致以及高效率愈发凸显出来。在整个采集工作中，陆先生为我们建议和安排访谈对象，自己整理书信、手稿、论文等各种资料，还多次校对访谈稿件。陆先生喜欢听评弹，每次访谈或者闲聊，他都是如讲述故事般娓娓道来，生动又不失内容的完整。

陆先生没有担任过行政职务，20世纪80年代后一直在金属有机化学特别是二价钯催化这一非常专门的小领域进行研究，科研人生并没有想象中的波澜壮阔。但是，他的学术魅力正在于这种简单与执着。因为深，才能精，最后才能看到新。因为战战兢兢、如履薄冰、一步一个脚印，才能得出让同行信服的发现。

和陆先生接触，除了感叹于他独特的研究风格，对我影响最大的莫过于 1981 年 54 岁的他在山本明夫实验室访问两个月,"勤奋得像个博士生一样"——这句实验室同行对他的评价成为鞭策我在美国宾夕法尼亚大学访问期间的最大动力。每当合作研究项目遇到关卡时,每当为准备学术报告而有所懈怠时,一想到 54 岁的陆先生还勤奋地像个博士生一样,天天进实验室做实验,我就满血复活。如果说对科学家学术成长有关资料的采集和研究能够对今天的研究者以及未来的研究者有所启发和影响的话,我想,陆先生对我的影响算是其中最直接的一种吧。

朱晶

2017 年 5 月 3 日

老科学家学术成长资料采集工程丛书
已出版（100种）

《卷舒开合任天真：何泽慧传》　　《此生情怀寄树草：张宏达传》
《从红壤到黄土：朱显谟传》　　　《梦里麦田是金黄：庄巧生传》
《山水人生：陈梦熊传》　　　　　《大音希声：应崇福传》
《做一辈子研究生：林为干传》　　《寻找地层深处的光：田在艺传》
《剑指苍穹：陈士橹传》　　　　　《举重若重：徐光宪传》

《情系山河：张光斗传》　　　　　《魂牵心系原子梦：钱三强传》
《金霉素·牛棚·生物固氮：沈善炯传》《往事皆烟：朱尊权传》
《胸怀大气：陶诗言传》　　　　　《智者乐水：林秉南传》
《本然化成：谢毓元传》　　　　　《远望情怀：许学彦传》
《一个共产党员的数学人生：谷超豪传》《没有盲区的天空：王越传》

《含章可贞：秦含章传》　　　　　《行有则　知无涯：罗沛霖传》
《精业济群：彭司勋传》　　　　　《为了孩子的明天：张金哲传》
《肝胆相照：吴孟超传》　　　　　《梦想成真：张树政传》
《新青胜蓝惟所盼：陆婉珍传》　　《情系粱菽：卢良恕传》
《核动力道路上的垦荒牛：彭士禄传》《笺草释木六十年：王文采传》

《探赜索隐　止于至善：蔡启瑞传》《妙手生花：张涤生传》
《碧空丹心：李敏华传》　　　　　《硅芯筑梦：王守武传》
《仁术宏愿：盛志勇传》　　　　　《云卷云舒：黄士松传》
《踏遍青山矿业新：裴荣富传》　　《让核技术接地气：陈子元传》
《求索军事医学之路：程天民传》　《论文写在大地上：徐锦堂传》

《一心向学：陈清如传》　　　　　《钤记：张兴钤传》
《许身为国最难忘：陈能宽传》　　《寻找沃土：赵其国传》
《钢锁苍龙　霸贯九州：方秦汉传》《虚怀若谷：黄维垣传》
《一丝一世界：郁铭芳传》　　　　《乐在图书山水间：常印佛传》
《宏才大略：严东生传》　　　　　《碧水丹心：刘建康传》

《我的气象生涯：陈学溶百岁自述》　《我的教育人生：申泮文百岁自述》
《赤子丹心 中华之光：王大珩传》　《阡陌舞者：曾德超传》
《根深方叶茂：唐有祺传》　《妙手握奇珠：张丽珠传》
《大爱化作田间行：余松烈传》　《追求卓越：郭慕孙传》
《格致桃李伴公卿：沈克琦传》　《走向奥维耶多：谢学锦传》
《躬行出真知：王守觉传》　《绚丽多彩的光谱人生：黄本立传》
《草原之子：李博传》

《宏才大略 科学人生：严东生传》　《探究河口 巡研海岸：陈吉余传》
《航空报国 杏坛追梦：范绪箕传》　《胰岛素探秘者：张友尚传》
《聚变情怀终不改：李正武传》　《一个人与一个系科：于同隐传》
《真善合美：蒋锡夔传》　《究脑穷源探细胞：陈宜张传》
《治水殆与禹同功：文伏波传》　《星剑光芒射斗牛：赵伊君传》
《用生命谱写蓝色梦想：张炳炎传》　《蓝天事业的垦荒人：屠基达传》
《远古生命的守望者：李星学传》

《善度事理的世纪师者：袁文伯传》　《化作春泥：吴浩青传》
《"齿"生无悔：王翰章传》　《低温王国拓荒人：洪朝生传》
《慢病毒疫苗的开拓者：沈荣显传》　《苍穹大业赤子心：梁思礼传》
《殚思求火种　深情寄木铎：黄祖洽传》　《仁者医心：陈灏珠传》
《合成之美：戴立信传》　《神乎其经：池志强传》
《誓言无声铸重器：黄旭华传》　《种质资源总是情：董玉琛传》
《水运人生：刘济舟传》　《当油气遇见光明：翟光明传》
《在断了A弦的琴上奏出多复变　《微纳世界中国芯：李志坚传》
　　最强音：陆启铿传》　《至纯至强之光：高伯龙传》
《弄潮儿向涛头立：张乾二传》　《材料人生：涂铭旌传》
《一爆惊世建荣功：王方定传》　《寻梦衣被天下：梅自强传》
《轮轨丹心：沈志云传》　《海潮逐浪镜水周回：童秉纲口述
《继承与创新：五二三任务与青蒿素研发》　　人生》